VEGETARISCHE BLECHGERICHTE

VEGETARISCHE BLECHGERICHTE

101 leckere Rezepte aus dem Ofen

LIZ FRANKLIN
Fotos von Steve Painter

Librero

Für Matilda Joyce,
das neueste, süßeste
und lustigste Familienmit-
glied – mit aller Liebe des
Universums xxx

Grafik Toni Kay
Redakteurin Miriam Catley
Produktionskontrolle
  Mai-Ling Collyer
Art-Direktorin Leslie Harrington
Leitende Redakteurin Julia Charles
Verlegerin Cindy Richards

Fotos & Requisite
  Steve Painter
Food-Stylistin Lucy McKelvie
Register Vanessa Bird

Titel der Originalausgabe: *Vegetarian Sheet Pan Cooking*

© 2019 Librero IBP (für die deutschsprachige Ausgabe)
Postbus 72, 5330 AB Kerkdriel, Niederlande

Die englische Originalausgabe erschien 2018 bei Ryland and Peters & Small Limited, 20-21 Jockey's Fields, London WC1R 4BW.

Text © 2018 Liz Franklin
Design und Fotos © 2018 Ryland Peters & Small

Übersetzung aus dem Englischen: Anita Weinberger, Wien
Redaktion und Satz der deutschen Ausgabe: Print Company Verlagsges.m.b.H., Wien

Printed in Slovenia

ISBN: 978-94-6359-246-8

Alle Rechte vorbehalten. Kein Teil dieser Produktion darf ohne vorherige schriftliche Zustimmung durch den Herausgeber in irgendeiner Weise reproduziert, gespeichert, oder weiter gegeben werden, sei es durch elektronische oder mechanische Medien, Fotokopien oder Aufnahmen.

Der Richtigkeit und Vollständigkeit der Informationen in diesem Buch wurde größte Sorgfalt gewidmet. Sollte unabsichtlicherweise dennoch ein Urheber nicht angegeben sein, werden wir dies nach Kenntnisnahme in der nächsten Ausgabe berichtigen.

Anmerkungen:
• Alle Maßangaben in Löffeln entsprechen gestrichenen Löffeln, außer es ist anders angegeben. Ein Teelöffel (TL) entspricht 5 ml, ein Esslöffel (EL) 15 ml.
• Alle Eier sind mittelgroß, außer es sind extra große angegeben. Rohe oder nur teilweise gekochte Eier sollten nicht sehr alten Menschen, schwächlichen kleinen Kindern, schwangeren Frauen oder Menschen mit geschwächtem Immunsystem verabreicht werden.
• Backöfen sollten auf die angegebene Temperatur vorgeheizt werden. Wir empfehlen Ofen-Thermometer zu verwenden. Bei Backöfen mit Umluft passen Sie die Temperatur gemäß Herstellerangaben an.

INHALT

Einleitung **6**
Frühstück & Brunch **10**
Gemüse-Helden **32**
Mediterrane Magie **50**
Afrika **70**
Asien und der Osten **88**
Amerika **106**
Süße Träume **124**
Register **142**
Danksagung **144**

EINLEITUNG

Viele Jahre testete ich Küchengeräte und Apparate für einen sehr bekannten Einzelhändler auf dem Markt. Einige der Utensilien und Vorrichtungen waren wirklich nützlich, andere wieder nicht, doch schlussendlich fand ich nur wenige davon wahrhaft unentbehrlich. Die meisten endeten ganz hinten im Küchenschrank, in karitativen Läden oder bei Freunden (wo sie sich jetzt wahrscheinlich ganz hinten im Küchenschrank befinden). Umgekehrt bestand eine Handvoll einfacher, wichtiger Dinge den Test, und ich begann, sie im Lauf der Jahre immer mehr zu schätzen – ein Set guter Messer, einige stabile Töpfe aus rostfreiem Stahl – und ein Set wirklich robuster Bräter und Backbleche.

Früher einmal mag ein Bräter gegenüber dem allgegenwärtigen Topf die zweite Geige gespielt haben. Der Ofen war hauptsächlich dazu da, Brot und andere Backwaren zu backen und Fleisch, Geflügel und Kartoffel zu braten. So köstlich und geschätzt diese Favoriten waren und immer noch sind, man kann alle Arten dieser wirklich schmackhaften Gerichte zubereiten, wenn Ofen und Blech zusammenspielen. Was die Zusammenarbeit noch verlockender macht, ist, dass man den Zauber mit nur einem Blech durchführen kann, was den Stoß an schmutzigem Geschirr auf ein ermutigendes Minimum sinken lässt. Diese Tatsache allein hilft schon dabei, eine Mahlzeit viel schneller zuzubereiten, und demnach mit weniger Stress – aber das Entscheidende ist, dass die Ergebnisse absolut unglaublich sind! Kurz gesagt, was sollte man an einer Art zu kochen nicht lieben, die super praktisch, wirklich entspannend, leicht zu spülen und groß im Geschmack ist?

Als die nette Julia Charles mich bat, dieses Buch zu schreiben, hätte ich nicht begeisterter sein können; es vereint so viele Dinge bezüglich Ernährung, nach denen ich verrückt bin. Als frühere strikte Vegetarierin bin ich seit Langem ein Fan davon, Töpfe mit Gemüse, Hülsenfrüchten, Getreide und anderen Köstlichkeiten zu füllen, in den Ofen zu schieben und vor sich hin kochen zu lassen. Deshalb war ein Buch mit vegetarischen und veganen, auf einem einzigen Blech im Ofen gekochten Rezepten, etwas, was ich kaum erwarten konnte, in Angriff zu nehmen.

Auf Pflanzen basierende Ernährung war nie beliebter. Früher als einfache Begleitung für Fleisch- oder Fischgerichte betrachtet, ist Gemüse heute der aufgehende Stern – ein Fakt, der von vielen der weltbesten Restaurants anerkannt wird. Der französische Küchenchef Alain Passard hat das ‚goldene Zeitalter des Gemüses' ausgerufen und richtet das gesamte Angebot seines 3-Sterne-Restaurants auf das Gemüse aus, das im Garten des Lokals wächst. Auf dem Höhepunkt meiner Reise durch den seriösen Vegetarismus war ich noch in der Minderheit: Auswärts zu essen, auch in den besten Restaurants, resultierte oft in demselben, langweiligen Angebot – ein trockenes, ödes Sojaschnitzel, das sich anfühlte, als würde man ein Stück Teppich verzehren. Nun, da nahrungsbezogene Ängste und Skandale zum globalen Thema geworden sind, sind wir uns mehr und mehr der Grausamkeit gegenüber Tieren bewusst, die intensive Landwirtschaft, Antibiotikaresistenz, das wachsende Auftreten von Lausbefall bei Zuchtfischen und die großen Auswirkungen der Treibhausgasemissionen der Methanproduktion vieler dieser Systeme bewirken. Wir hören regelmäßig Berichte von Gesundheitsexperten über die mögliche Verbindung zwischen zu hohem Konsum einiger Tierprodukte und Krankheiten. Es ist also kein Wunder, dass immer mehr Menschen auf tierisches Eiweiß und Tierprodukte verzichten oder sie zumindest reduzieren.

Das Gute ist, dass wir heute Zugang zu einer Überfülle an wunderbaren, abwechslungsreichen und gesunden Gemüsesorten und frischen Kräutern haben und dass es bei einer wachsenden Anzahl von Menschen beliebt wird, ihre eigenen zu züchten. Bemerkenswerte Gewürze und Zutaten aus aller Welt sind leicht erhältlich, und es gibt so viele gute Dinge, die unsere Mahlzeiten mit Proteinen anreichern, ohne Fleisch oder Fisch zu kochen.

Einige der folgenden Rezepte bauen auf einer Basis von geröstetem Gemüse und Obst auf. Die Hitze des Ofens unterstützt das Freisetzen des natürlichen Zuckers in ihnen und verleiht ihnen eine herrliche Tiefe an Aromen. Je nachdem, was man gerade kocht, gibt es oft noch den Bonus von knusprigen Rändern. Vielleicht gibt es aber auch Rezepte für Dinge, die Sie niemals mit Kochen im Ofen in Verbindung gebracht hätten – tolle Suppen, köstlich Ausgebackenes und das beste Porridge überhaupt. Es gibt verlockende, pikante Häppchen und süße Leckereien – alle mit Inspirationen aus aller Welt, vom äthiopischen Linseneintopf zu mexikanischen Gemüse-Tacos mit Chipotle-Mayonnaise; von Knollensellerie in der Salzkruste mit Blauschimmelkäse und honig-glasiertem Treviso-Radicchio bis zu Blumenkohlsalat mit Mango und Sultaninen. Unter den süßen Versuchungen finden sich nach Lorbeer duftende Früchte aus dem Hasselback-Obstgarten und der Puddingkönig aus Kokos-Makronen mit seiner gebauschten Meringue-Krone. Es gibt Rezepte für den Start in den Tag und sogar welche zum Naschen.

Ob Sie seit Langem Vegetarier oder Veganer sind, Freunde oder Familie bewirten, die eine pflanzliche Ernährung bevorzugen, oder einfach nur versuchen, die Aufnahme von Fleisch und Fisch zu reduzieren – die folgenden Seiten bieten ein Heer von verlockenden Gerichten. Ich hoffe, Sie genießen die Zubereitung und das Teilen mit jedem Bissen in dem Maße, wie es mich mit Freude erfüllte, die Gerichte zum Leben zu erwecken.

Eine Anmerkung zu den Blechen
Wenn ich eines gelernt habe in den Jahren des Kochens – professionell und für Freunde und Familie –, dann ist es ohne Zweifel, dass es sich auszahlt, gute, solide Bleche und Bräter zu kaufen und auf sie zu achten; außerdem spart man damit auf lange Sicht. Billige Ware bekommt nur Beulen und rostet vielleicht auch noch. Im

Laufe des Buches verwende ich drei verschiedene Größen – alle aus schwerem Edelstahl und beschichtet – ein großes, flaches Blech mit den Maßen 35 x 25 x 2 cm, ein etwas kleineres, aber tieferes mit den Maßen 30 x 23 x 5 cm und eine Brownie-Form in der Größe von 30 x 17 x 2,5 cm und alle waren ihr Gewicht in Gold wert.

Die Stars des Vorratsschrankes
Die Vorteile eines gut bestallten Vorratsschrankes sollte man nicht unterschätzen – dabei sollte Qualität immer vor Quantität stehen. Besser kleine Vorräte richtig guter Zutaten, die man immer wieder ergänzt, statt Großpackungen, die man nicht verbraucht, bevor der Inhalt schal und geschmacklos geworden ist. Der beste Vorratsschrank ist jener, der regelmäßig nachgefüllt werden muss, da er Produkte beinhaltet, die man gerne jeden Tag verwendet. So ist man immer in der Lage, schnell etwas zuzubereiten, wenn man einmal sehr beschäftigt ist oder unerwartete Mäuler zu stopfen hat.

Flaschen
Öl: Wenn nicht anders angeführt, verwende ich in den Rezepten durchwegs extra natives Olivenöl. Es ist gesund, besteht nur aus einem Inhaltsstoff und man kann es, im Gegensatz zum verbreiteten Mythos, relativ stark erhitzen. Kaufen Sie ein verschnittenes Öl zum Kochen und ein etwas Besseres zum Beträufeln und für Dressings. Je eine Flasche Balsamico-Essig, roter und weißer Weinessig sind von unschätzbarem Wert, doch ich habe auch immer Sherry-Essig, Reisessig und Apfelessig auf Vorrat, dazu noch Sojasauce (dunkle und süßes indonesisches Kejap Manis), Sriracha-Sauce (süchtig machend) und Tomatenketchup guter Qualität.

Gläser
Tahina, Miso-Paste, Nussbutter ohne Palmöl (Erdnuss, Mandel, Cashew), körnigen und Dijon-Senf, passierte Tomaten, Ahornsirup, Dattelsirup und brauner Reissirup sind wertvoll für einen Vorratsschrank auf Pflanzenbasis. Getrocknete Gewürze und Pfeffersorten sind Goldes wert, aber man sollte nicht zu viel davon kaufen, außer man verwendet sie in großen Mengen.

Dosen
Kokosmilch, geschälte Tomaten, Hülsenfrüchte (Kichererbsen, Linsen und verschiedene Bohnen) sind nützliche Zutaten, auf die man zurückgreifen kann.

Pakete
Salz, Pasta, Reis (Basmati, Carnaroli), Haferflocken, Dinkelflocken, Hülsenfrüchte (Gemüse und Getreide), Nüsse und Samen (sollte man im Kühlschrank aufbewahren) und Nährhefeflocken.

Im Kühlschrank
Für Veganer ist Planzenjoghurt unerlässlich. Nuss- oder Hafermilch ist köstlich und vielseitig. Frische Kräuter sollte man im Kühlschrank in leicht angefeuchtetem Küchenpapier aufbewahren, um sie länger frisch zu halten. Und stellen Sie Töpfe mit frischen Kräutern auf die Fensterbank und geben Sie sie in Ihre Gerichte, immer!

FRÜHSTÜCK & BRUNCH

LANGSAM GEBACKENES PEKAN & KAKAO-BRUCH-GRANOLA MIT GOJI-BEEREN & PHYSALIS

Langes, langsames Backen verleiht Granola einen angenehmen Geschmack und eine knusprige Konsistenz, was es zu einem absoluten Liebling macht (und es ist viel billiger, als gekauftes). Das Eiweiß in der Mischung hält Haferflocken und Samen in kleinen Klümpchen zusammen, aber wenn man die vegane Variante vorzieht, lässt man es einfach weg – die Konsistenz ist dann eben ein wenig rieselfreudiger. Man serviert es mit einem großzügigen Klecks Kokos- oder Lieblingsjoghurt und etwas frischem Obst und einem Tropfen Honig oder Dattelsirup, wenn man es etwas süßer mag.

250 g große Haferflocken
100 g gemischte Samen
 (Sonnenblumen, Hanf, Sesam, Lein, Chia, etc.)
50 g Kokosfett
 (oder Olivenöl)
50 ml/3½ EL brauner Reissirup
1 Prise Salz

1 Eiweiß, leicht verquirlt
150 g Pekan-Nüsse, grob gehackt
100 g Physalis
100 g Goji-Beeren
50 g Kakaobruch

ERGIBT 10 STÜCK

Backofen auf 150 °C (Gas Stufe 2) vorheizen. Haferflocken und Samen in eine Schüssel geben und das Kokosfett hinein reiben (oder Olivenöl zugeben). Braunen Reissirup und Salz zugeben und gut vermengen. Eiweiß zugeben und verrühren, bis die Haferflocken überzogen sind und mit den Samen Klümpchen bilden. Auf ein Backblech streichen und etwa 40 Minuten backen, bis das Granola goldbraun und knusprig ist. Pekan-Nüsse zugeben und im Ofen weitere 5–10 Minuten backen, bis die Nüsse leicht geröstet sind. Aus dem Ofen nehmen und auskühlen lassen, dann Beeren und Kakaobruch einrühren. In einem luftdichten Behälter aufbewahren.

CRANBERRY-FRÜHSTÜCKSRIEGEL

Diese knusprig-fruchtigen Riegel voller Samen sind perfekt für ein Frühstück unterwegs. Sie eignen sich auch gut für eine Lunch-Box. Achten Sie darauf, große Haferflocken statt der lockeren gerollten Porridge-Flocken, sonst werden die Riegel nicht die saftige, nach mehr schmeckende Konsistenz aufweisen. Achten Sie auch bei den Cranberrys auf gute, saftige Qualität.

180 g Butter, geschmolzen
180 g leichter Muscovado-Zucker
50 g fließender Honig
200 g große Haferflocken
200 g Cornflakes
100 g gemischte Samen
 (Sonnenblumen, Hanf, Sesam, Lein, Chia, etc.)
100 g getrocknete Cranberrys

Eine 30 x 17 x 2,5 cm Brownie-Form, leicht befettet und mit Backpapier ausgelegt

ERGIBT 12-15 STÜCK

Backofen auf 180 °C (Gas Stufe 4) vorheizen. Geschmolzene Butter, Muscovado-Zucker und Honig in eine große Schüssel geben und gut vermengen. Haferflocken, Cornflakes, Samen und Cranberrys gleichmäßig einarbeiten. Mischung mit einem Löffel in die vorbereitete Form geben und 20–25 Minuten backen, bis die Mischung goldbraun und fest ist.

In der Form auskühlen lassen und in Quadrate schneiden. In einer luftdichten Dose aufbewahren.

KOMPOTT AUS RÖST-RHABARBER, BROMBEEREN & HEIDELBEEREN
MIT KOKOS-JOGHURT

Jeder Bissen dieser Drei-Frucht-Combo schmeckt so gut, wie er aussieht. Rösten ist eine ideale Art, Rhabarber zu kochen – so behält er seine Form (solange man ihn nicht übergart oder mit dem Löffel zu hart behandelt, wenn man ihn vom Blech nimmt). Ein großzügiger Spritzer Grenadine ist optional, aber er lässt den Saft hübsch erröten – es handelt sich um den rubinroten Sirup aus Granatapfelkernen (achten Sie jedoch auf die Marke, da die billigeren meist aus Maissirup mit Farbstoffen bestehen).

400 g Rhabarber
200 g Brombeeren
200 g Heidelbeeren
60 g Puderzucker oder Zucker
60 ml kochendes Wasser
Samen von 2 Vanilleschoten
50 ml/3½ EL Grenadine (optional)
400 g Kokos-Joghurt, zum Servieren

ERGIBT 4 PORTIONEN

Backofen auf 190 °C (Gas Stufe 5) vorheizen. Enden vom Rhabarber abschneiden und Fäden abziehen. Stängel in 3 cm große Stücke schneiden und auf einem tiefen Blech verteilen. Mit Brombeeren und Heidelbeeren bestreuen. Zucker mit dem kochenden Wasser, Vanillesamen und Grenadine (wenn gewünscht) in einem Gefäß verrühren und über das Obst auf dem Blech gießen. Mit Aluminiumfolie abdecken und etwa 12–15 Minuten garen, bis der Rhabarber gerade weich ist. Aus dem Ofen nehmen und warm mit Kokos-Joghurt servieren.

GEBACKENES HAFERMILCH-PORRIDGE
MIT BIRNEN, MANDELN & DATTELSIRUP

160 g große Haferflocken
1,2 l Hafermilch
75 g gemischte Samen
2 TL Vanille-Paste
1 TL gemahlener Zimt
3 mittel-reife, aber feste Birnen, entkernt und gewürfelt
80 g gemischte, getrocknete Beeren (Sultaninen/gelbe Rosinen, Goji-Beeren, Physalis, Cranberrys, etc.)

Zum Servieren
2 EL geröstete Mandelsplitter
4–5 EL Dattelsirup
Extra Hafermilch

ERGIBT 4-6 PORTIONEN

Man wundert sich vielleicht, warum man Porridge im Ofen machen soll, wenn doch die konventionelle Art so wenig Zeit verlangt. Nun, es bedeutet, dass man das Am-Herd-Stehen und ständige Rühren eintauschen kann gegen einfaches Vermischen und selbstständiges Verwandeln in einen Frühstückshimmel, während man in der Badewanne liegt, Sonnengrüße absolviert, sich für Arbeit zurecht macht oder sich gar wieder mit einem Buch ins Bett legt!

Backofen auf 170 °C (Gas Stufe 3) vorheizen. Haferflocken und Hafermilch vermengen, Samen, Vanille-Paste, gemahlenen Zimt, gewürfelte Birnen und getrocknete Beeren einrühren. Alles in ein tiefes Bleck gießen, mit Aluminiumfolie abdecken und 30 Minuten backen. Aus dem Ofen nehmen und auf kleine Schüsseln verteilen. Mit den gerösteten Mandeln bestreuen und mit Dattelsirup und extra Hafermilch beträufeln, wenn gewünscht. Sofort servieren.

POLENTA-PORRIDGE MIT INGWERWURZEL, WALNÜSSEN & JAM AUS GERÖSTETEN BEEREN

Polenta ist ein komplexes Kohlehydrat, das seine Energie langsam für den Körper freigibt und damit das Sättigungsgefühl verlängert. Hier ist sie garniert mit einem prächtigen, tintenschwarzen Jam aus gerösteten Beeren und Scheiben von glänzendem Ingwer, aber es schmeckt auch köstlich mit frisch geschnittenem Obst oder Kompott.

150 g Instant-Polenta
1 l Mandel-, Hafer- oder Kuhmilch, plus extra zum Servieren
1 EL Puderzucker oder Zucker
5–6 Stücke frischer Ingwer, dünn geschnitten
1 Handvoll Walnüsse, gehackt

Für den Jam
800 g Puderzucker oder Zucker
800 g gemischte Beeren (Brombeeren, rote und schwarze Johannisbeeren, etc.)

ERGIBT 4 PORTIONEN

Backofen auf 180 °C (Gas Stufe 4) vorheizen. Polenta in ein tiefes Bleck geben und langsam die Milch der Wahl zugießen, dabei umrühren, bis die Mischung glatt ist. Zucker einrühren, mit Aluminiumfolie abdecken und etwa 25 Minuten backen, bis das Porridge eingedickt und gar ist. Mit Beeren-Jam, Ingwerscheiben (etwas vom Syrup aus dem Glas auch zugießen) und gehackten Walnüssen garnieren. Noch einen extra Spritzer Milch zugeben, wenn gewünscht.

JAM AUS GERÖSTETEN BEEREN

Backofen auf 180 °C (Gas Stufe 4) vorheizen. Zucker auf ein tiefes Blech streuen, mit Aluminiumfolie abdecken und etwa 15–20 Minuten im Ofen erwärmen. Aus dem Ofen nehmen und das Obst einrühren. Wieder zudecken und weitere 45–50 Minuten im Ofen garen, bis der Jam dick und glänzend ist. Auskühlen lassen, abdecken und bis zu 1 Woche – oder in sterilisierten, verschlossenen Gläsern bis zu 1 Monat – im Kühlschrank aufbewahren.

SCHWARZER LORBEER-KOKOSMILCH-REIS
MIT TROPISCHEN FRÜCHTEN

Ich kann Ihnen gar nicht sagen, wie gut die Kombination von leicht süßem schwarzen Reis und Kokosmilch ist – aber man braucht die Prise Salz zum Abrunden, also bitte nicht versucht sein, darauf zu verzichten.

3 x 400 ml Dosen Kokosmilch
250 g schwarzer Reis
   (Riso Venere)
50 g Puderzucker oder Feinkristallzucker
1 Prise Salzflocken
2 Lorbeerblätter

Zum Servieren

1 reife Papaya
½ mittel-reife Ananas
1 reife Mango
2 Kiwis
2–3 Maracujas

ERGIBT 4 PORTIONEN

Backofen auf 170 °C (Gas Stufe 3) vorheizen. Kokosmilch in eine große Schüssel gießen, eine der Dosen mit Wasser füllen und zugießen, dann Reis, Zucker und Salzflocken zugeben. Mischung auf ein tiefes Blech geben und Lorbeerblätter zugeben, Mit Aluminiumfolie abdecken und etwa 1¼ Stunden backen, bis der Reis weich und bissfest, aber nicht trocken ist. Papaya schälen und halbieren, Kerne entfernen und in Scheiben schneiden. Ananas schälen, harten Mittelstrunk entfernen und in Scheiben schneiden. Mango schälen, Kern entfernen und in Scheiben schneiden. Kiwis schälen und in Scheiben schneiden, Maracujas halbieren. Lorbeerblätter aus dem Reis nehmen, umrühren, mit dem Obst und dem Fruchtfleisch der Maracujas garnieren und in Schüssel servieren.

FRÜHSTÜCKSKUCHEN AUS BRAUNEM REIS, QUINOA & CHIA MIT MEDJOUL-DATTELN, BANANEN & AHORNSIRUP

Basmati-Reis, Quinoa und Chia-Samen ergeben eine gute Basis-Mischung. Ich füge bissfeste, getrocknete Bananen zu, man kann sie aber weglassen, oder durch jedes getrocknete Obst ersetzen. Eine Handvoll Nüsse würde sich auch nicht schlecht machen, wenn man welche übrig hat.

250 g brauner Basmati-Reis
50 g gemischtes Quinoa
50 g Chia-Samen
1,2 l Mandelmilch
1 Prise Salz
1 TL Vanille-Paste
2–3 EL Ahornsirup
100 g getrocknete
   Bananenscheiben
1–2 EL Sultaninen/gelbe Rosinen

6–8 Medjoul-Datteln, entkernt
1 EL gemischte Sonnenblumen-
   und Kürbiskerne
1–2 knackige, saftige Äpfel,
   entkernt und in Julienne
   geschnitten
Ahornsirup, zum Servieren

ERGIBT 4 PORTIONEN

Backofen auf 180 °C (Gas Stufe 4) vorheizen. Reis, Quinoa und Chia-Samen auf dem Boden eines Blechs verteilen. Mandelmilch, Salz und Vanille-Paste einrühren. Ahornsirup, Bananenscheiben und Sultaninen zugeben. 5 Datteln grob hacken und zur Mischung geben. Mit Aluminiumfolie abdecken und etwa 30–40 Minuten backen, bis der Reis weich und die Mischung eingedickt ist. Die restlichen Datteln hacken und mit den Sonnenblumen- und Kürbiskernen und der Apfel-Julienne darauf verteilen. Mit Ahornsirup beträufeln und servieren.

ZIMT-BRUSCHETTA MIT BRAUNEN ZUCKER-PFLAUMEN

Klebrig-süße Pflaumen und im Ofen gebackene Bruschetta sorgen für einen guten Start in den Tag. Eine Kaskade griechischen Joghurts oder cremigen, vollfetten Naturjoghurts hebt sie auf die höchste Stufe der Lieblichkeit, aber wenn Sie die vegane Variante vorziehen, nehmen Sie einfach Kokosfett statt Butter und servieren Sie sie mit Kokos- oder Soja-Joghurt, oder sogar mit Cashew-Nuss-Creme.

600 g Pflaumen
4 mittlere Scheiben Sauerteig-Roggenbrot
50 g/3½ EL Butter oder Kokosfett
50 g dunkler oder leichter Muscovado-Zucker
1 TL gemahlener Zimt

ERGIBT 4 PORTIONEN

Backofen auf 200 °C (Gas Stufe 6) vorheizen. Pflaumen halbieren, entkernen und mit der Schnittfläche nach oben an der Seite eines Blechs verteilen. Brot mit der Hälfte der Butter (oder Kokosfett) bestreichen. Die restliche Butter (oder Öl) über die Pflaumen klecksen. Zucker und Zimt vermischen, jede Brotscheibe damit bestreuen und diese auf der anderen Seite des Blechs verteilen. Die restliche Zimt-Zucker-Mischung über die Pflaumen streuen. Etwa 30 Minuten backen, bis das Brot knusprig und die Pflaumen ganz weich sind. Pflaumen auf die Bruschetta häufen und warm, mit Joghurt servieren.

GERÖSTETE APRIKOSEN
MIT ZIEGENQUARK UND HAFERFLOCKEN-HAUBE

Ziegenkäse ist wunderbar – weich und cremig, mit einem Unterton von Zitrone. Kombinieren Sie ihn mit saftigen Aprikosen, garniert mit knusprigen Haferflocken und Mandeln, backen Sie sie, bis es Blasen wirft, und Sie frühstücken Glückseligkeit (außer Sie nehmen es als Dessert, was ebenfalls wunderbar passt).

500 g frische reife, aber feste Aprikosen
2 EL fester Honig
30 g/2 EL weiche Butter
45 g große Haferflocken
30 g Mandelsplitter
20 g hellbrauner Muscovado-Zucker
300 g Ziegenquark
2–3 EL fester Honig, zum Servieren

ERGIBT 4 PORTIONEN

Backofen auf 180 °C (Gas Stufe 4) vorheizen. Aprikosen quer halbieren, entkernen, auf einem großen Backblech verteilen und mit Honig beträufeln. Butter, Haferflocken, Mandelsplitter und Zucker verreiben, bis die Butter gleichmäßig eingearbeitet ist. Mischung über den Aprikosen verteilen und etwa 25 Minuten backen, bis die Haferflocken goldbraun sind. Blech aus dem Ofen nehmen und mit kleinen Klecksen Ziegenquark garnieren. Weitere 8–10 Minuten backen, bis der Quark geschmolzen ist und kleine goldene Flecken aufweist.

Direkt vom Blech servieren und nach Geschmack mit mehr Honig beträufeln.

GEBACKENES GARTENOBST
MIT AHORN-PEKAN-KOKOS-KRUSTE

Das ergibt ein großartiges, herbstliches Gericht für einen Brunch oder einen schnellen, einfachen Pudding und schmeckt bei jeder Gelegenheit mit Kokos-Joghurt ganz wunderbar. Es ist eine köstliche Verbindung aus Gartenobst, Ahornsirup, Pekan-Nüssen und knuspriger Kokosnuss, gänzlich auf Pflanzenbasis und schmeckt erstklassig.

1 kg Birnen, Äpfel und Pflaumen, gemischt
abgeriebene Schale und Saft von 1 Orange
2–3 EL Puderzucker oder Zucker

Für das Topping
50 g Kokosfett
2 EL hellbrauner Muscovado-Zucker
85 g getrocknete Kokosraspel
100 g Pekan-Nüsse, gehackt
3–4 EL Ahornsirup
Extra Ahornsirup und Kokos-Joghurt, zum Servieren

ERGIBT 4 PORTIONEN

Backofen auf 180 °C (Gas Stufe 4) vorheizen. Birnen und Äpfel schälen, Gehäuse entfernen und klein würfeln. Pflaumen halbieren, entkernen und in Spalten schneiden. Birnen, Äpfel und Pflaumen auf einem großen Blech verteilen. Mit Orangensaft beträufeln und mit Orangenschale und Zucker bestreuen. Etwa 20 Minuten backen, bis das Obst weich ist.

In der Zwischenzeit für das Topping Kokosfett, Muscovado-Zucker, Kokosraspel, gehackte Pekan-Nüsse und Ahornsirup in einer Schüssel verrühren.

Obst aus dem Ofen nehmen und die Kokos-Mischung darauf verteilen. Wieder in den Ofen schieben und weitere 10 Minuten backen, bis die Kokos-Mischung goldbraun ist.

Heiß mit extra Ahornsirup und Kokos-Joghurt servieren.

BOMBAY-EIER MIT KIRSCHTOMATEN, GERÖSTETER PAPRIKA & SPINAT

Mein Lieblingsgericht mit Tomaten für einen Brunch befriedigt auch hervorragend als Lunch oder Abendessen.

Für das Chili-Öl
100 ml plus 1 EL extra natives Olivenöl
1 EL getrocknete Chiliflocken

Für die Bombay-Eier
2 rote Zwiebeln, in Spalten geschnitten
1 rote Paprika, entkernt und in Streifen geschnitten
1 gelbe und 1 orange Paprika, entkernt und in Streifen geschnitten
3 EL Olivenöl
2 TL gemahlener Koriander
2 TL gemahlener Kreuzkümmel
1 TL gemahlene Gelbwurz
500 g Kirschtomaten
600 ml geschälte, passierte Tomaten
50 g frischer Ingwer, geschält und fein gerieben
1 EL Puderzucker oder Feinkristallzucker
1 TL Chiliflocken
2–3 große Handvoll frischer Baby-Spinat
Großer Bund frische Korianderblätter, grob gehackt
4 große Eier
150 ml griechisches oder fettes Naturjoghurt
2 TL Schwarzkümmel-Samen (optional)
Meersalz und frisch gemahlener schwarzer Pfeffer

ERGIBT 4 PORTIONEN

Öl und Chiliflocken in einem Glas mit Drehverschluss durch Schütteln vermischen. Beiseitestellen.

Backofen auf 180 °C (Gas Stufe 4) vorheizen. Zwiebeln und Paprika auf einem großen Blech verteilen und mit dem Öl beträufeln. 20 Minuten garen, bis das Gemüse weich wird. Gemahlenen Koriander, Kreuzkümmel und Gelbwurz unterrühren und weitere 10 Minuten braten.

In der Zwischenzeit Kirschtomaten in eine große Schüssel geben und die passierten Tomaten zugießen. Geriebenen Ingwer, Zucker und Chiliflocken zugeben und mit Salz und frisch gemahlenem schwarzen Pfeffer abschmecken.

Aus dem Ofen nehmen, die Tomatenmischung unterrühren und weitere 30 Minuten garen. Zuletzt Spinat und die Hälfte der Korianderblätter unterrühren. 4 flache Mulden in die Mischung machen und in jede ein Ei schlagen. Wieder in den Ofen schieben und weitere 5–7 Minuten backen, bis sich die Eier gesetzt haben. Aus dem Ofen nehmen und mit Joghurt beträufeln. Die restlichen Korianderblätter und einige Schwarzkümmelsamen darüberstreuen und mit Chili-Öl beträufeln. Mit Brot servieren.

LAUCH, ROTE PAPRIKA & BRIE

Versuchen Sie statt Brie auch Hartkäse, Taleggio oder belebenden Ziegenkäse, sogar Cheddar oder Feta sind köstlich.

2 große Lauchstangen, getrimmt und in Ringe geschnitten
3 rote Paprika, entkernt und in Streifen
3 EL Olivenöl
300 g (1 Tag altes) Baguette
30 g/2 EL Butter
600 ml Vollmilch
6 Eier
2 EL körniger Senf
1 große Handvoll gemischte Kräuter (Estragon, Schnittlauch, Petersilie, Dill), frisch gehackt
200 g Brie, in mundgerechten Stücken

ERGIBT 4 PORTIONEN

Backofen auf 190 °C (Gas Stufe 5) vorheizen. Lauch und Paprika auf einem großen, tiefen, leicht befetteten Blech verteilen. Mit Öl beträufeln und etwa 15 Minuten im Ofen backen, bis das Gemüse weich und angebräunt ist.

In der Zwischenzeit Baguette in Scheiben schneiden, auf einer Seite mit Butter bestreichen und halbieren. Milch und Eier in einer großen Schüssel verquirlen. Körnigen Senf und etwa ein Drittel der gehackten Kräuter einrühren. Brot und Brie in die Eiermischung geben und gut verrühren, auf das Blech mit dem gerösteten Gemüse geben und unterrühren. Etwa 40 Minuten goldgelb und knusprig backen. 5 Minuten auskühlen lassen, dann die restlichen Kräuter darauf verteilen und warm servieren.

CHAMPIGNONS MIT SPINAT, CANNELLINI-BOHNEN & ZITRONEN-TAHINA-DRESSING

Weiße Zucht-Champignons haben ein wirklich angenehmes, geschmackvolles Aroma, aber Sie können als Alternative genauso gut braune Champignons verwenden, wenn Sie welche bekommen.

500 Champignons, ohne Stiel
100 ml plus 1 EL extra natives Olivenöl
2 Knoblauchzehen, fein gehackt
1 TL frische Thymianblätter
4 großzügige Handvoll frischer Baby-Spinat
400 g Dose Cannellini-Bohnen, abgegossen und abgespült

Für das Dressing
75 g Tahina
abgeriebene Schale und Saft von 1 Zitrone
2 Knoblauchzehen, gerieben
60–75 ml Wasser

ERGIBT 3–4 PORTIONEN

Backofen auf 180 °C (Gas Stufe 4) vorheizen. Champignons auf ein Blech legen. Öl, Knoblauch und Thymian verrühren und alles, bis auf einen EL über die Champignons träufeln. 10–15 Minuten backen, bis die Champignons gar sind. Spinat und Bohnen mit dem restlichen Knoblauch-Thymian-Öl verrühren und rund um die Champignons verteilen. Nochmals für 4–5 Minuten in den Ofen schieben, bis der Spinat leicht zusammenfällt und die Bohnen warm sind. Alles auf einer Platte anrichten und mit dem Saft vom Blech übergießen. Alle Zutaten für das Tahina-Dressing in einer Schüssel vermengen und zum Servieren über die Champignons träufeln.

PIKANTES PORRIDGE MIT GRÜNKOHL & DUKKAH

Wenn Sie gegenüber pikantem Porridge skeptisch sind, werden Sie vielleicht umblättern – aber es ist eigentlich köstlich. Es schmeckt besonders gut mit Dinkelflocken statt der traditionellen Haferflocken.

Für das Dukkah
80 g Sesamkörner
25 g/5 EL Koriandersamen
20 g Haselnüsse
15 g gemahlener Kreuzkümmel
Zerstoßener schwarzer Pfeffer

Für das Porridge
2 große Lauchstangen, geputzt und grob gehackt
3 EL Olivenöl
200 g Dinkelflocken
1 l Gemüsebrühe guter Qualität
3 EL gemischte gemahlene Samen (optional)
2 große Handvoll Baby-Spinat
1 große Handvoll Grünkohl, gehackt

Für die gemahlene Samen Mischung
50 g Sonnenblumenkerne
30 g Leinsamen
20 g Kürbiskerne

ERGIBT 4 PORTIONEN

Backofen auf 190 °C (Gas Stufe 5) vorheizen. Alle Zutaten für das Dukkah auf einem Blech verteilen und etwa 5 Minuten backen, bis Samen und Nüsse leicht geröstet sind. Aus dem Ofen nehmen und mit einem Mörser grob zerstoßen oder kurz in einer Küchenmaschine hacken – nicht zu lange, die Mischung sollte grob und knackig sein, nicht pulverisiert. Lauch über den Boden eines tiefen Blechs verteilen, mit dem Öl beträufeln und 10 Minuten braten, bis der Lauch Farbe nimmt und weich wird. Blech aus dem Ofen nehmen und Dinkelflocken und Brühe zugeben. Gut umrühren, mit Aluminiumfolie abdecken und für weitere 20 Minuten in den Ofen schieben. Mit gemahlenen Samen (wenn gewünscht) und Grünkohl bestreuen und nochmals 5 Minuten den Grünkohl im Ofen zusammenfallen lassen. Mit Dukkah bestreuen und servieren.

GEMAHLENE SAMEN-MISCHUNG: Alle Samen in einer Küchenmaschine oder Nussmühle fein mahlen. In einem luftdichten Behälter aufbewahren.

ZERDRÜCKTE LIMA-BOHNEN
MIT GEGRILLTEN TOMATEN & AVOCADO

Das Gericht schmeckt köstlich mit knusprigem Brot oder Sauerteig-Toast und weitaus besser als jeder Bohnenaufstrich, den Sie bis jetzt gekostet haben! Ich denke, es ist perfekt für einen Brunch und ein einfacher Weg, Freunde und Familie zu verköstigen, wenn es jemanden nach etwas Scharfem gelüstet. Ich mag es auch gern zum Lunch.

600 g Kirschtomaten
4 EL Olivenöl
3–4 Lauchstangen, geputzt und geschnitten
1 Knoblauchzehe, fein gehackt
1 x 400 g Dose Lima-Bohnen, abgegossen und abgespült
1 Bund Petersilie, grob gehackt
2 reife, aber feste Avocados
Chili-Öl von Seite 25 (optional)
Paprikapulver, zum Bestäuben
Petersilie, zum Garnieren

ERGIBT 4 PORTIONEN

Backofen auf 180 °C (Gas Stufe 4) vorheizen. Kirschtomaten auf einem großen Blech verteilen und mit Olivenöl beträufeln. Lauch und Knoblauch zugeben, alles vermischen und 20 Minuten braten. Blech aus dem Ofen nehmen und Lima-Bohnen gleichmäßig über den Tomaten verteilen. Mit den Zinken einer Gabel Bohnen leicht zerdrücken. Gehackte Petersilie darüberstreuen und für 5 Minuten zurück in den Ofen schieben.

Aus dem Ofen nehmen. Avocados halbieren, entsteinen und das Fleisch mit einem Teelöffel aus der Schale kratzen. Gleichmäßig über den Bohnen und Tomaten verteilen. Mit Chili-Öl (wenn gewünscht) beträufeln, mit Paprikapulver bestäuben und mit Petersilie garnieren.

GELBWURZ-TOFU & GEMÜSE-SCRAMBLE

Geröstetes Gemüse und zerkrümelter Tofu passen unglaublich gut zusammen. Für dieses Rezept sollten Sie Handschuhe verwenden – gelb gefleckte Hände sehen nicht besonders hübsch aus und frische Gelbwurz hinterlässt so keine Spuren.

1 Zwiebel, gehackt
1 rote Paprika, entkernt und gewürfelt
1 orange Paprika, entkernt und gewürfelt
200 g Kirschtomaten, halbiert
100 g braune Champignons
6 EL Olivenöl
250 g fester Tofu
20 g frische Gelbwurz, geschält und fein gerieben
1 EL dunkle Sojasauce
1 Bund Petersilie
Meersalz und frisch gemahlener schwarzer Pfeffer
Chili-Öl (siehe Seite 25), zum Servieren

ERGIBT 4 PORTIONEN

Backofen auf 190 °C (Gas Stufe 5) vorheizen. Zuerst Zwiebel auf einem großen, flachen Blech verteilen, dann die Paprikawürfel darüberstreuen. Tomaten halbieren und über Zwiebel und Paprika legen. Champignons in Scheiben schneiden und ebenfalls auf dem Blech verteilen. Mit Olivenöl (bis auf 1 EL) beträufeln und 10 Minuten garen, bis das Gemüse weich und leicht angebräunt ist.

Tofu in einer großen Schüssel mit dem restlichen EL Öl, Gelbwurz und Sojasauce zerstampfen. Mit Salz und Pfeffer würzen und mit dem gerösteten Gemüse verrühren. Für 5 Minuten wieder in den Ofen schieben, bis alles heiß ist. Mit gehackter Petersilie bestreuen und mit Chili-Öl servieren.

TOMATEN-PANINI MIT GERÄUCHERTEN AUBERGINEN
MIT SRIRACHA-MAYONNAISE

50 ml/3½ EL Dattelsirup
50 ml/3½ EL dunkle Sojasauce
2 TL Chipotle-Paste
2 TL Rauch-Aroma
1 Knoblauchzehe, gerieben
1 mittlere Aubergine
1 TL Paprikapulver
4 Panini mit Samen oder kleine Ciabatta-Brötchen
2 Handvoll Eisbergsalat, in Streifen geschnitten
4 reife, aber feste Tomaten, in Scheiben geschnitten
Meersalz-Flocken

Für die Sriracha-Mayonnaise
1 Portoin Mayonnause ohne Ei (siehe Seite 86)
2 EL Sriracha-Sauce (oder nach Geschmack)

ERGIBT 4 PORTIONEN

Als ich das Rezept zum ersten Mal ausprobierte, wollte ich eigentlich Ahornsirup für die Glasur verwenden, aber ich entdeckte erst beim Kochen, dass mein jüngster Sohn seine Pancakes damit versüßt hatte. Statt alles hinzuwerfen, verwendete ich Dattelsirup – und ich glaube, es war ein großartiger Ersatz.

Backofen auf 190 °C (Gas Stufe 5) vorheizen. Dattelsirup, Sojasauce, Chipotle-Paste, Rauch-Aroma und geriebenen Knoblauch in einer großen Schüssel vermengen. Den Stängel von der Aubergine entfernen und vom Ende bis zum Blütenansatz in dünne Scheiben schneiden. Auberginen-Scheiben in die Soja- Mischung tauchen und auf ein vorbereitetes Blech legen. Mit etwas Paprikapulver und Salzflocken bestäuben und etwa 15–20 Minuten backen, bis die Scheiben eine dunkle Kupferfarbe aufwise.

Mayonnaise und Sriracha-Sauce verrühren.

Brötchen halbieren, Unterseite großzügig mit Sriracha-Mayonnaise bestreichen, mit Salat, Tomatenscheiben und einigen Auberginen-Scheiben belegen und essen.

SÜSSKARTOFFEL, CANNELLINI & GRÜNKOHL-FRITTATA

2 rote Zwiebeln, von der Wurzel bis zur Spitze eingeschnitten
1 große Süßkartoffel, geschält und gewürfelt
4 EL Olivenöl
1 x 400 g Dose Cannellini-Bohnen
150 g Cheddar-Käse, gerieben
2–3 große Handvoll Grünkohl, grob gehackt
8 Eier
Meersalz und frisch gemahlener schwarzer Pfeffer
Chili-Öl, zum Servieren (optional)

ERGIBT 4 PORTIONEN

Diese Kombination ist sehr befriedigend. Der Bonus ist, dass einige Grünkohlspitzen aus der Ei-Mischung hervorschauen und beim Rösten knusprig werden – so ist die Fritatta unten cremig und oben leicht knusprig.

Backofen auf 190 °C (Gas Stufe 5) vorheizen. Zwiebeln auf dem Boden eines leicht befetteten und mit Backpapier ausgelegten Blech verteilen. Süßkaroffel gleichmäßig über die Zwiebeln verteilen, mit Öl beträufeln und etwa 25 Minuten backen, bis Zwiebeln und Süßkartoffel gar und leicht angebräunt sind.

Cannellini-Bohnen abgießen und abspülen. Blech aus dem Ofen nehmen Bohnen gleichmäßig darauf verteilen. Mit geriebenem Käse bestreuen und den Grünkohl darauf verteilen.

Eicher aufschlagen, würzen und gleichmäßig über das Gemüse auf dem Blech verteilen. Wieder in den Ofen schieben und weitere 15–20 Minuten backen, bis sich die Eier gesetzt haben.

Mit Chili-Öl (wenn gewünscht) beträufelt heiß servieren.

GEMÜSE-HELDEN

GERÖSTETER BUTTERNUSS-KÜRBIS MIT SCHWARZEN BELUGA-LINSEN, GRANATAPFEL & PINIENKERNEN

2 kleine Butternuss-Kürbisse, halbiert und entkernt
4–5 EL Olivenöl
1 Handvoll frische Thymianblätter
2 EL Rosmarin, frisch gehackt
2 große Lauchstangen, geputzt und gehackt
300 g kleine Pflaumen-Tomaten
1 x 400 g Dose schwarze Beluga-Linsen
Meersalzflocken und frisch gemahlener schwarzer Pfeffer

Für das Dressing
50 ml/3½ EL Olivenöl
50 ml/3½ EL Granatapfelsirup

Zum Servieren
50 g geröstete Pinienkerne
3–4 EL Granatapfelkerne
Rucola

ERGIBT 4 PORTIONEN

In der Schale geröstet bekommt der Kürbis die großartige Konsistenz und die Haut schmeckt unglaublich gut. Mit Rucola-Salat servieren.

Backofen auf 190 °C (Gas Stufe 5) vorheizen. Mit der Spitze eines scharfen Messers ein Rautenmuster in das Kürbisfleisch ritzen. Mit etwas Öl beträufeln, mit Thymian und Rosmarin bestreuen und auf einem Backblech 15 Minuten im Ofen garen. Blech aus dem Ofen nehmen und Kürbis an einen Rand schieben. Auf die anderen Seite den gehackten Lauch und die Pflaumen-Tomaten im Ganzen legen, mit dem restlichen Öl beträufeln, mit Salzflocken und frisch gemahlenem schwarzen Pfeffer würzen und für weitere 20 Minuten in den Ofen schieben, bis der Kürbis weich ist und der Lauch und die Tomaten leicht angebräunt sind. Lauch und Tomaten in eine große Schüssel geben. Linsen abgießen und abspülen und auch in die Schüssel geben. Für das Dressing Olivenöl und Granatapfelsirup vermischen und etwa die Hälfte der Linsen-Mischung zugeben. Alles in die Kürbishälften füllen und weitere 5 Minuten im Ofen garen, bis die Linsenfüllung gut durchwärmt ist.

Aus dem Ofen nehmen, mit restlichem Dressing beträufeln, Pinienkerne und Granatapfelkerne darüber verteilen und mit schwarzem Pfeffer würzen.

KNUSPRIGES WURZELGEMÜSE & BIRNE

1,5 kg gemischtes Wurzelgemüse (Karotten, Pastinaken, Kürbis, Rote Bete etc.), gewürfelt
1 große Lauchstange, geputzt und dünn geschnitten
2 rote Zwiebeln, in Spalten geschnitten
4 Tomaten, grob gehackt
4 EL Olivenöl
3 reife, aber feste Birnen, Gehäuse entfernt und gewürfelt
2 EL brauner Reissirup
3 EL körniger Senf

Für das Topping
200 g Dinkelflocken
100 ml plus 1 EL Olivenöl
50 g gemahlene Mandeln
20 g Nährhefeflocken
2 EL Schnittlauch, fein gehackt
Rucola, Olivenöl und Balsamico-Essig, zum Servieren

ERGIBT 4–6 PORTIONEN

Ich suchte nach etwas Neuem für Dinkelflocken und freute mich über meine Kreation eines leichten, knusprigen Toppings. Ich nahm Olivenöl als Fett und Nährhefeflocken für einen nussig-käsigen Geschmack, was bedeutet, dass das Ganze rein pflanzlich ist.

Backofen auf 190 °C (Gas Stufe 5) vorheizen. Wurzelgemüse schälen, in grobe, gleich große Würfel schneiden und diese auf einem Backblech verteilen. Lauch, Zwiebeln und Tomaten zugeben, mit Olivenöl beträufeln und vermengen, bis alles gleichmäßig damit überzogen ist. Etwa 35 Minuten garen, bis das Gemüse weich wird. Blech aus dem Ofen nehmen und Birnen zugeben. Alles mit braunem Reissirup beträufeln, körnigen Senf zugeben und wenden, sodass das Gemüse mit Senf überzogen ist. Weitere 10 Minuten garen. Für das Topping Dinkelflocken, Olivenöl, Mandeln und Nährhefeflocken vermischen, über dem Gemüse verteilen und weitere 15 Minuten backen, bis das Topping knusprig und goldbraun ist.

Mit Schnittlauch bestreuen und mit Rucola-Salat mit Olivenöl-Balsamico-Dressing servieren.

VIOLETTER BROCCOLI & FLAGEOLET-BOHNEN UND MAYONNAISE MIT EINGELEGTER ZITRONE

Die kinderleichte Combo aus knusprigem, leicht angebräuntem Broccoli, weichen Knoblauch-Bohnen, knusprigen, zitronigen Krümeln und flotter Zitronen-Mayonnaise ergibt einen köstlich leichten Lunch.

Für die Mayonnaise
1 Ei
1 Knoblauchzehe, gerieben
1 EL Dijon-Senf
Saft von ½ Zitrone
250 ml plus 1 EL Sonnenblumenöl
¼–½ eingelegte Zitrone

350 g violetter Broccoli
1 x 400 g Dose Flageolet-Bohnen
3 EL Olivenöl
2 Knoblauchzehen, fein gehackt
1 große Handvoll frische Petersilie, fein gehackt
3 EL Panko-Paniermehl
abgeriebene Schale von 1 Zitrone

ERGIBT 4 PORTIONEN

Für die Zitrone Mayonnaise Ei, Knoblauch, Dijon-Senf und Zitronensaft in ein Gefäß geben und mit einem Stabmixer pürieren. Langsam das Öl in einem stetigen Strahl zugießen, dabei den Mixer laufen lassen, bis das Öl eingearbeitet und die Mischung dick und flaumig ist.

Salz von der eingelegten Zitrone abspülen, Fruchtfleisch entfernen, die weiche Schale fein hacken und in die Mayonnaise rühren. Zudecken und bis zum Gebrauch kühl stellen.

Backofen auf 180 °C (Gas Stufe 4) vorheizen. Broccoli-Stiele ziemlich lang lassen, aber die harten Teile mit einem Gemüseschäler entfernen. Broccoli auf einem Blech verteilen und 10–15 Minuten garen, bis er bissfest ist und die Röschen knusprig werden. Bohnen abgießen und abspülen, in eine Schüssel geben und Öl, Knoblauch und Petersilie zugeben. Broccoli aus dem Ofen nehmen und die Bohnen darüber verteilen. Paniermehl und Zitronenschale vermischen und über dem Gemüse verteilen. Weitere 5 Minuten in den Ofen schieben, bis die Bohnen gerade warm sind – nicht zu lange, die Bohnen trocknen sonst aus und brechen auf. Mit Zitronen-Mayonnaise servieren.

GEBRATENER ROTKOHL
MIT GEGRILLTEM BROCCOLI KIRSCHEN & MANDELN

1 Rotkohl
4 EL Olivenöl
600 g Broccoli
50 g Mandelsplitter, geröstet
100 g getrocknete Kirschen
1 Bund Frühlingszwiebeln, gehackt
1 großer Bund frischer Dill, grob gehackt
Meersalz und frisch gemahlener schwarzer Pfeffer

Für das Balsamico-Dressing
40 ml/3 EL extra natives Olivenöl
30 ml/2 EL Balsamico-Essig
1 TL Puderzucker oder Zucker
Meersalzflocken
Gerösteter Chili-Jam (siehe Seite 121), zum Servieren

ERGIBT 4 PORTIONEN

Rotkohl und Broccoli lassen sich wunderbar braten und passen zum süß-herben Balsamico-Dressing. Ich gebe saftige getrocknete Kirschen und Mandelsplitter für mehr Geschmack und Biss dazu und serviere das Ganze gern mit Chili-Jam.

Backofen auf 200 °C (Gas Stufe 6) vorheizen. Rotkohl in Spalten schneiden und auf einem Backblech verteilen. Mit Öl beträufeln, würzen und 10 Minuten braten. Broccoli sehr fein hacken – in der Größe von Reiskörnern – und rund um den Rotkohl verteilen. Mit Mandelsplittern bestreuen und weitere 10 Minuten garen.

Alle Zutaten für das Dressing vermischen und mit Salzflocken würzen.

Blech aus dem Ofen nehmen und die Mandeln vorsichtig mit einer Gabel in den Broccoli drücken. Mit Dressing beträufeln, mit getrockneten Kirschen, gehackten Frühlingszwiebeln und Dill bestreuen und mit Chili-Jam servieren.

GERÖSTETE ROTE BETE MIT PILZEN, ROTER ZWIEBEL, LINSEN & KNUSPRIGEM ROSMARIN & BALSAMICO-DRESSING

Mein jüngster Sohn liebt das: Er verteilt gern die mundgerechten Feta-Stücke – das kann er sehr gut. Ziegenkäse passt auch. Ohne Käse, wie hier, ist es immer noch ein besonderes Gericht für jeden, der pflanzliche Nahrung vorzieht.

1 kg Rote Bete, alte Sorten
3 rote Zwiebeln, in Spalten geschnitten
250 g braune Champignons, in Scheiben geschnitten
3 EL Olivenöl
5–6 frische Rosmarinzweige, frisch gehackt
1 x 400 g Dose grüne Linsen
6 EL Olivenöl
3 EL Balsamico-Essig
1 TL Puderzucker oder Zucker
1 Knoblauchzehe, fein gerieben
Gemischte Kräuter, frisch gehackt (Dill, Schnittlauch, Petersilie), zum Servieren

ERGIBT 4 PORTIONEN

Backofen auf 190 °C (Gas Stufe 5) vorheizen. Rote Bete schälen, in Spalten schneiden und auf dem Boden eines tiefen Blechs verteilen. Zwiebeln zugeben und Champignons darüber verteilen. Mit Olivenöl beträufeln und mit gehacktem Rosmarin bestreuen. Etwa 45–50 Minuten garen, bis die Rote Bete weich ist.

Linsen abgießen und abspülen und auf dem Gemüse verteilen. Für 5 Minuten wieder in den Ofen schieben, bis die Linsen warm sind.

Olivenöl, Balsamico-Essig, Zucker und Knoblauch vermischen.

Blech aus dem Ofen nehmen, mit Dressing beträufeln und mit den frisch gehackten Kräutern bestreuen. Warm oder bei Raumtemperatur servieren.

GEGRILLTER SPITZKOHL MIT GETROCKNETEN KIRSCHEN & WACHOLDER-BUTTER & KNUSPRIGEM FREEKEH

Für die Butter
100 g minus 1 EL weiche, gesalzene Butter
20 Wacholderbeeren
1 großzügigen TL Rosmarin, frisch gehackt
50 g getrocknete Kirschen, grob gehackt

1 Spitzkohl, getrimmt
3–4 EL Olivenöl
250 g vorgekochtes Freekeh
abgeriebene Schale und Saft von 1 Zitrone
Meersalz und frisch gemahlener schwarzer Pfeffer
Petersilie, frisch gehackt, zum Garnieren

ERGIBT 3-4 PORTIONEN

Wenn der Kohl mit noch etwas Biss aus dem Ofen kommt, mit leicht süßem Duft und angebräunten Rändern, sollten Sie sich auf etwas Besonderes gefasst machen.

Butter in eine Schüssel geben. Wacholderbeeren in einem Mörser zerstoßen und mit Rosmarin und getrockneten Kirschen mit einer Gabel in die Butter gleichmäßig einrühren.

Klarsichtfolie auf eine saubere Unterlage legen. Butter zu einer Rolle formen und mit der Klarsichtfolie umwickeln. Ein wenig hin und her bewegen, sodass eine glatte Rolle entsteht und die Enden zum Verschließen zwirbeln. Im Kühlschrank fest werden lassen.

Backofen auf 190 °C (Gas Stufe 5) vorheizen. Kohl vom Strunk her halbieren und jede Hälfte in 3 oder 4 Spalten schneiden. Auf ein tiefes Blech legen und mit der Hälfte des Öls beträufeln. 10 Minuten backen. Blech aus dem Ofen nehmen, Freekeh darauf verteilen und mit dem restlichen Olivenöl beträufeln. Zurück in den Ofen schieben und weitere 5 Minuten backen, bis der Freekeh heiß und knusprig ist und die Kohlränder leicht angebräunt sind. Aus dem Ofen nehmen, Zitronenschale und -saft darauf verteilen, mit Salz und schwarzer Pfeffer würzen und mit frisch gehackter Petersilie garnieren. Heiß servieren, dabei dünne Scheiben der Wacholder-Kirschen-Butter in den Blättern schmelzen lassen.

GEGRILLTER LAUCH & APFEL MIT VINAIGRETTE & KOHL

Es gibt das klassische französische Gericht Lauch-Vinaigrette, das die große Affinität von Lauch zu öligen Senfsaucen beweist. Ich glaube, dass das Grillen noch zusätzliche Geschmacksintensität zum Vorschein bringt.

4–5 Lauchstangen, in 5 cm Stücke geschnitten
5 EL Olivenöl
3 knackige, rotwangige Äpfel, Gehäuse entfernt und jeder in 6 Spalten geschnitten
2 TL Puderzucker oder Zucker
3 Handvoll Krauskohl

Für die Vinaigrette
100 ml plus 1 EL Olivenöl
30 ml/2 EL weißer Wein- oder Apfelessig
20–25 g Puderzucker oder Zucker
20 g/4 TL Dijon-Senf
Meersalz und frisch gemahlener schwarzer Pfeffer

ERGIBT 4 PORTIONEN

Backofen auf 190 °C (Gas Stufe 5) vorheizen. Lauch auf einem Backblech verteilen, mit 2 EL Öl beträufeln und 15 Minuten garen. Apfelspalten zugeben, mit weiteren 2 EL Olivenöl beträufeln und gleichmäßig mit Zucker bestreuen. Weitere 15 Minuten backen, bis die Äpfel weich sind, aber noch ihre Form behalten.

Den mittleren Strunk aus dem Kohl schneiden, die Blätter in eine große Schüssel geben, mit dem restlichen Öl überziehen und auf dem Lauch verteilen. Weitere 5 Minuten in den Ofen schieben, bis der Kohl knusprig ist.

In der Zwischenzeit alle Zutaten für die Vinaigrette verrühren, bis sie emulgieren.

Lauchs warm servieren, knapp davor mit dem Dressing beträufeln.

GERÖSTETER PIRIPIRI-ROSENKOHL, LAUCH, KASTANIEN, GETROCKNETE CRANBERRYS & REBLOCHON

Die freche, pikante Zitrusnote von Piripiri bringt dem leicht knusprigen und durchs Rösten milden Rosenkohl das gewisse Etwas. Mit bissfesten Kastanien, weichen getrockneten Cranberrys, geschmolzenem Käse und fruchtiger Cranberry-Sauce ergeben sie eine unwiderstehliche Kombination. Zur Abwechslung können Sie jeden halbfesten Schnittkäse nehmen – ich mag besonders Taleggio und Camembert.

500 g Rosenkohl, halbiert
3 EL Olivenöl
2 TL Piripiri- Gewürzmischung
4 Lauchstangen, getrimmt und in 5 cm lange Stücke geschnitten
180–200 g essfertige Kastanien
300 g Reblochon-Käse
50 g getrocknete Cranberrys
1 EL frischer Rosmarin, fein gehackt
3 EL Cranberry-Sauce
Frische Rosmarinzweige, zum Garnieren

ERGIBT 4 PORTIONEN

Backofen auf 190 °C (Gas Stufe 5) vorheizen. Rosenkohl auf ein tiefes Blech geben, Öl und Piripiri zugeben und wenden, sodass alles gleichmäßig damit überzogen ist. Etwa 10 Minuten garen, bis der Rosenkohl leicht braun wird, aber noch bissfest ist.

Lauch über dem Rosenkohl verteilen und weitere 10 Minuten goldbraun braten. Blech aus dem Ofen nehmen, Kastanien und Reblochon-Stücke auf dem Gemüse verteilen, mit getrockneten Cranberrys und gehacktem Rosmarin bestreuen und wieder in den Ofen schieben.

Weitere 5–8 Minuten in den Ofen schieben, bis der Käse zu schmelzen beginnt. Auf einer vorgewärmte Platte anrichten, einen kleinen Löffel Cranberry-Sauce verteilen und mit Rosmarinzweigen garnieren.

LANGSAM GEBACKENE ZWIEBELN MIT ZIEGENKÄSE, KNUSPRIGEN CROÛTONS, WALNÜSSEN & BALSAMICO-DRESSING

450 g kleine rote Zwiebeln, halbiert von der Wurzel zur Spitze
1 TL frische Thymianblätter
1 EL Rosmarin, frisch gehackt
2 TL Puderzucker oder Zucker
4 EL Olivenöl
1 kleine Baguette
250 g Ziegenkäse
3 EL Walnuss-Stücke
Meersalz und frisch gemahlener schwarzer Pfeffer

Für das Dressing
60 ml Olivenöl
60 ml Balsamico-Essig
30 ml/2 EL Dattelsirup
Frische Basilikumblätter, zum Garnieren

ERGIBT 4 PORTIONEN

Die tröstende Kombination von schmelzend weicher Zwiebel, rinnendem Käse und knusprigen Baguette-Stücken ist erstklassig. Geröstete rote Zwiebel ist mild im Geschmack. Rucola-Salat passt gut dazu.

Backofen auf 190 °C (Gas Stufe 5) vorheizen. Zwiebelhälften in der Mitte eines Backbleches auflegen. Thymianblätter, gehackten Rosmarin und Zucker darauf verteilen. Mit Salz und frisch gemahlenem schwarzen Pfeffer würzen, mit der Hälfte des Öls beträufeln und etwa 20 Minuten garen, bis die Zwiebeln weich werden. Kruste vom Baguette schneiden (vielleicht ein wenig davon naschen), in grobe Stücke reißen, im restlichen Olivenöl wenden und an den Rändern des Blechs verteilen. Etwa 10–15 Minuten knusprig goldbraun braten (in der Mitte sollten die Zwiebeln schon kochen). Croûtons vom Blech nehmen und beiseitestellen.

Ziegenkäse in mundgerechte Stücke brechen und über den Zwiebeln verteilen. Mit den Walnüsse bestreuen und den Käse weitere 5–8 Minuten schmelzen lassen. Die Mischung auf einer schönen Platte anrichten.

Für das Dressing Öl, Balsamico-Essig und Dattelsirup verquirlen und mit Salz und frisch gemahlenem schwarzen Pfeffer abschmecken. Dressing über Zwiebel und Käse träufeln, die knusprigen Baguette-Croûtons darauf verteilen und mit frischen Basilikumblättern garnieren. Warm servieren.

PIKANTE AUBERGINE, KNOBLAUCH & TOMATENSUPPE

1 rote Zwiebel, grob gehackt
1 kleine Aubergine, in grobe Stücke geschnitten
2 Knoblauchzehen, fein gehackt
6 große reife Tomaten, gehackt
1 EL Berbere-Gewürzmischung (siehe Seite 82)
3 EL Olivenöl
600 ml passierte Tomaten
600 ml Gemüsebrühe
2 EL Tomatenketchup guter Qualität
1–2 EL Petersilie, fein gehackt
2–3 EL Olivenöl
Geräuchertes Paprikapulver, zum Servieren

ERGIBT 4 PORTIONEN

Geröstetes Gemüse wird zu großartigen Suppen – und es ergibt absolut keinen Sinn, das Gemüse im Ofen und den Rest am Herd zuzubereiten, wenn man alles im Ofen machen und sich den Abwasch ersparen kann. Ein Stabmixer ist praktisch, falls Sie keinen haben, geben Sie einfach alles in einen Mixer. Ein Tomatenketchup guter Qualität bringt die notwendige Süße.

Backofen auf 180 °C (Gas Stufe 4) vorheizen. Gehackte Zwiebel auf dem Boden eines Bräters verteilen. Auberginen-Stücke und Knoblauch, danach die gehackten Tomaten mit der Gewürzmischung und Olivenöl zugeben. Gut umrühren und 15–20 Minuten braten. Passierte Tomaten und Gemüsebrühe zugießen. Für weitere 15–20 Minuten zurück in den Ofen schieben, danach mit einem Stabmixer fein pürieren. Petersilie einrühren, mit Olivenöl beträufeln und mit geräuchertem Paprikapulver bestäuben. Heiß servieren.

GERÖSTETE PASTINAKEN, LAUCH, BLUMENKOHL, SPITZKOHL & FENCHEL MIT GRÜNEN LINSEN

400 g Pastinaken, geschält und gestiftelt
1 mittelgroße Fenchelknolle, in Spalten
5–6 EL Olivenöl
3 EL brauner Reissirup oder Ahornsirup
1 mittelgroßer Blumenkohl, in Röschen
2 kleine Lauchstangen, geputzt und in Ringe geschnitten
1 kleiner Spitzkohl, in dicken Scheiben
1 TL Fenchelsamen
1 x 400 g Dose grüne Linsen
Meersalz und frisch gemahlener schwarzer Pfeffer
Dill oder Fenchelgrün, zum Garnieren

Für das Dressing
100 ml plus 1 EL extra natives Olivenöl
25 g körniger Senf
30 ml/2 EL Apfelessig
15 g Puderzucker oder Zucker
abgeriebene Schale von 1 Zitrone

ERGIBT 4 PORTIONEN

Dieses Medley qualifiziert sich für den Gemüsehimmel – die Ofenhitze bringt die natürliche Süße jeder Sorte zur Geltung und das Ergebnis ist köstlich.

Backofen auf 190 °C (Gas Stufe 5) vorheizen. Pastinaken und Fenchel in eine große Schüssel geben, mit der Hälfte des Öls und braunem Reissirup oder Ahornsirup vermischen, sodass alles gut damit überzogen ist und auf einem Backblech verteilen. Etwa 15 Minuten garen, bis das Gemüse langsam weich wird. Zuerst Blumenkohlröschen, dann Lauchringe gleichmäßig darauf verteilen. Kohlscheiben halbieren oder vierteln und auf das Blech legen. Mit dem restlichen Öl beträufeln, mit Fenchelsamen bestreuen und abschmecken. Für weitere 20 Minuten zurück in den Ofen schieben, bis das Gemüse weich und an den Rändern angebräunt ist.

Linsen abgießen und unter fließendem kalten Wasser abspülen. Wenn das Gemüse gar ist, Linsen gleichmäßig darüber verteilen und nochmals 5 Minuten in den Ofen schieben, bis die Linsen warm sind.

In der Zwischenzeit alle Zutaten für das Dressing in einer Schüssel verrühren. Blech aus dem Ofen nehmen, Dressing über das Gemüse träufeln und mit Dill oder Fenchelgrün garnieren.

PASTINAKEN „MOLLY PARKIN"

Das Gericht wurde eigentlich von einem Freund der walisischen Journalistin und erklärten Pastinakenhasserin Molly Parkin erfunden, um sie zu überzeugen, dass das Gemüse ihre Zuneigung wert sei. Er briet sie in der Pfanne und belegte sie mit Tomatenscheiben, Käse und Sahne, und sie änderte tatsächlich ihre Meinung.

750 g Pastinaken
4 EL Olivenöl
1 Lauchstange
400 g Kirschtomaten, halbiert
400 ml Doppelsahne
200 g scharfer Käse wie reifer Cheddar oder Gruyère, gerieben
50 g Panko-Paniermehl
Meersalzflocken und frisch gemahlener schwarzer Pfeffer
Grüner Salat, zum Servieren

ERGIBT 4 PORTIONEN

Backofen auf 190 °C (Gas Stufe 5) vorheizen. Pastinaken schälen und in Scheiben schneiden. Auf ein tiefes Blech legen und mit Olivenöl beträufeln. Etwa 20 Minuten garen, bis sie leicht goldbraun sind und gerade weich werden. Lauch waschen, in Scheiben schneiden, ebenfalls auf das Blech legen und weitere 10 Minuten braten.

Kirschtomaten vorsichtig unter das geröstete Gemüse mischen. Sahne mit dem Käse (bis auf 1 kleine Handvoll) vermengen, mit Salzflocken und frisch gemahlenem schwarzen Pfeffer würzen. Mischung über das Gemüse gießen und mit Paniermehl bestreuen. Nochmals 10–15 Minuten backen, bis alles blubbernd heiß und die Kruste goldbraun ist. Mit grünem Salat servieren.

PAN HAGGERTY

Dies ist ein traditioneller Kartoffel-Eintopf aus dem Norden Englands und sehr geschmackvoll. Ich versuchte es mit dem Ofen und denke, es war großartig. Man sollte das Blech mit Backpapier oder einer Silikonmatte auslegen, denn die knusprigen Ränder bleiben gern kleben.

1 kg mehlige Kartoffel, geschält und in dünne Scheiben geschnitten
3 gelbe oder weiße Zwiebeln, in dünne Ringe geschnitten
3–4 EL Olivenöl
250 g extra reifer Cheddar-Käse, gerieben
1 kleine Handvoll frische Thymianblätter
Gemischter Salat, zum Servieren

ERGIBT 4 PORTIONEN

Backofen auf 190 °C (Gas Stufe 5) vorheizen. Kartoffelscheiben und Zwiebeln in eine Schüssel geben. Olivenöl und den Käse bis auf 1 Handvoll zugeben. Thymianblätter zugeben und alles wenden, sodass die Zwiebeln und der Käse gleichmäßig verteilt sind. Mischung gleichmäßig auf einem befetteten Backblech verteilen und mit Aluminiumfolie abdecken. Etwa 50 Minuten backen, dann die Folie abnehmen und den restlichen Käse darüberstreuen. Weitere 10 Minuten backen, bis der Käse geschmolzen und goldbraun ist.

Mit gemischtem Salat heiß servieren.

ANNA-KARTOFFELN MIT ROSMARIN & THYMIAN

A s professionelle private Küchenchefin serviere ich oft Anna-Kartoffeln – sie scheinen weltweit beliebt zu sein. In dem Fall versuche ich auch, sie in perfekt konzentrischen, leicht überlappenden Kreisen anzuordnen. Zu Hause praktiziere ich Freestyle – so lang sie in einer Ebene auf dem Blech liegen, damit sie gleichmäßig gar werden, halte ich eine entspanntere Präsentationsform für in Ordnung – aber Sie können gerne etwas genauer sein, wenn Sie ein besonderes Essen im Kopf haben.

1 kg mehlige Kartoffeln, geschält und sehr dünn geschnitten
150 g geschmolzene Butter
1 EL frische Thymianblätter
2 EL Rosmarin, frisch gehackt
Meersalz und frisch gemahlener schwarzer Pfeffer

Eine 30 x 17 x 2,5 cm Brownie-Form, leicht befettet und mit Backpapier ausgelegt

ERGIBT 4–6 PORTIONEN

Backofen auf 200 °C (Gas Stufe 6) vorheizen. Kartoffelscheiben nicht waschen, da die enthaltene Stärke dabei hilft, zusammenzukleben – einfach in eine große Schüssel geben und die geschmolzene Butter darübergießen (ich schmelze sie im Ofen, aber eine Mikrowelle tut es auch). Kräuter zugeben und mit Salz und frisch gemahlenem schwarzen Pfeffer würzen, ordentlich umrühren, sodass die Kartoffelscheiben gut mit Butter und Kräutern überzogen sind. Kartoffeln in der vorbereiteten Brownie-Form verteilen, mit Aluminiumfolie abdecken und etwa 50 Minuten bis 1 Stunde backen, dabei Aluminiumfolie nach der Hälfte der Zeit entfernen, bis die Kartoffeln weich und an der Oberfläche goldbraun sind. Sofort servieren.

MEDITERRANE MAGIE

FRÜHLINGSGEMÜSE „BARIGOULE" MIT GREMOLATA

Verschiedene bissfest gegarte Frühlingsgemüse wachsen gleichzeitig und ergeben ein bemerkenswertes Gericht. Und die frisch-herbe Gremolata macht es zu etwas Besonderem. Bitte das Gemüse nicht zerkochen, denn der Genuss liegt in den strahlend bunten Farben und Aromen – es passiert sehr schnell, sie zu lang zu kochen, und dabei verlieren sie beides.

Für das Gemüse
Saft von 1 großen Zitrone
  (abgeriebene Schale für die Gremolata verwenden)
2 runde Artischocken
2 mittelgroße Fenchelknollen
3 EL Olivenöl
250 m 1 EL Weißwein
1,25 l Gemüsebrühe, guter Qualität
1 frisches Lorbeerblatt
Einige Estragonzweige
300 g Baby-Karotten
250 g Radieschen
250 g frische Erbsen
450 g Spargel, geputzt
125 g kleiner Broccoli oder violetter Broccoli, zugeschnitten

Für das Dressing
4 EL brauner Reissirup
4 EL extra natives Olivenöl
Saft von 1 Zitrone
  (abgeriebene Schale für die Gremolata verwenden)

Für die Gremolata
abgeriebene Schale von 2 Zitronen
1 Bund Petersilie, frisch gehackt
1 Knoblauchzehe, fein gehackt

ERGIBT 4 PORTIONEN

Für das Gemüse, Backofen auf 200 °C (Gas Stufe 6) vorheizen. Eine Schüssel mit kaltem Wasser füllen und Zitronensaft zufügen. Die holzigen äußeren Blätter der Artischocken abzupfen und Stängel und harte Spitzen abschneiden. Halbieren und das Stroh in der Mitte mit einem Löffel herauskratzen. Jede Hälfte dritteln und sofort in das Zitronenwasser legen, damit sie nicht braun werden.

Fenchelknollen putzen und in Spalten schneiden. Auf ein großes, tiefes Backblech legen, mit dem Öl beträufeln und 15 Minuten goldbraun backen. Blech aus dem Ofen nehmen und Weißwein und Brühe zugießen. Lorbeerblatt und Estragonzweige, Baby-Karotten und Radieschen zugeben. Blech mit Backpapier abdecken (so als würden Sie einem Topf auf dem Herd einen Deckel auflegen) und etwa 10 Minuten kochen, bis die Karotten gerade weich zu werden beginnen.

Blech aus dem Ofen nehmen, Papier abnehmen und frische Erbsen, Spargel und Broccoli zugeben. Wieder mit Backpapier abdecken und das Gemüse weitere 5 Minuten garen, bis es bissfest ist und noch seine strahlende Farbe hat. Brühe sofort abgießen und für etwas Anderes aufheben.

In der Zwischenzeit alle Zutaten für das Dressing in einer Schüssel verquirlen.

Für die Gremolata Zitronenschale, gehackte Petersilie und Knoblauch in einer separaten Schüssel vermischen.

Gemüse mit dem Dressing beträufelt und mit der Gremolata bestreut warm servieren.

KARTOFFEL & ROSMARIN-PIZZA

Diese Pizza aus Zutaten, die man eigentlich immer zu Hause hat, eignet sich auch für Veganer – und mit schnell agierender Trockenhefe dauert es auch nicht allzu lange. Die Einfachheit, sie lebe hoch! Wenn möglich, legen Sie die Kartoffelscheiben 30 Minuten in kaltes Wasser, bevor Sie die Pizza zubereiten. So werden die Kartoffeln knuspriger.

Für den Pizzaboden
500 g Brotmehl (Type 1050)
1 TL feines Meersalz
1 TL Puderzucker oder Zucker
7 g/1 Säckchen Trockenhefe
1 EL Olivenöl
Etwa 300 ml handwarmes Wasser

Für das Topping
600 g kleine mehlige Kartoffeln, eingeweicht und sehr dünn geschnitten (siehe Einleitung)
4 EL Olivenöl
2 EL Rosmarin, fein gehackt
1 großer Bund Frühlingszwiebeln, gehackt
Meersalz und frisch gemahlener schwarzer Pfeffer

ERGIBT 4 PORTIONEN

Backofen auf 200 °C (Gas Stufe 6) vorheizen. Mehl in eine große Schüssel geben und mit Salz und Zucker verrühren. Hefe zugeben und gut verrühren. Olivenöl und ausreichend handwarmes Wasser zufügen, bis die Mischung zu einem weichen, nicht klebrigen Teig wird. Teig 5–10 Minuten glatt kneten, in zwei Teile teilen und zu Rechtecken ausrollen, die je auf ein Backblech passen.

Kartoffeln abgießen und unter fließendem kalten Wasser abspülen. Mit Küchenpapier gut trocken tupfen. In eine große Schüssel geben und in Olivenöl, Rosmarin und einer großzügigen Prise Salzflocken und schwarzem Pfeffer wenden, bis alle gleichmäßig damit überzogen sind.

Frühlingszwiebeln auf die zwei Böden verteilen, mit den Kartoffelscheiben überlappend und vollständig belegen. Etwa 20 Minuten backen, bis die Kartoffeln gar und an den Rändern goldbraun sind. In Quadrate schneiden und sofort servieren.

IM OFEN GEBACKENER BUTTERNUSS-KÜRBIS, SAFRAN & ROSMARIN-RISOTTO

4 g Safranfäden
1 Zwiebel, gehackt
25 g EL Butter
2 EL Olivenöl
400 g, Butternuss-Kürbis, geschält, entkernt und in mundgerechte Stücke geschnitten
300 g Carnaroli-Reis
120 ml trockener Weißwein
800 ml Gemüsebrühe, gut gewürzt
1 EL Rosmarin, frisch gehackt

Zum sämig Rühren
50 g/3½ EL Butter
80 g Parmesan-Käse, gerieben

ERGIBT 4 PORTIONEN

Da ich 10 Jahre ein Haus in Italien besaß, habe ich eine Schwäche für gutes Risotto. Puristen regen sich zwar darüber auf, es im Ofen zu machen, aber es funktioniert erstaunlich gut. Achtung auf das Timing – dass der Reis nicht zerkocht.

Backofen auf 200 °C (Gas Stufe 6) vorheizen. Safranfäden in einer kleinen Schüssel mit 2–3 EL gerade gekochtem Wasser übergießen und ziehen lassen. Die gehackte Zwiebel auf dem Boden eines tiefen Blechs verteilen, Butter und Olivenöl zugeben. Für 10 Minuten in den Ofen schieben, bis die Zwiebel weich zu werden beginnt.

Butternuss-Kürbis auf das Blech legen und den Reis einrühren, bis alles mit Öl und Butter überzogen ist. Wein, Brühe und Safran zugießen und Rosmarin einrühren. Mit Aluminiumfolie abdecken und wieder in den Ofen schieben. Etwa 20 Minuten garen, bis der Reis gerade noch bissfest ist. Aus dem Ofen nehmen, Butter und Parmesan für die Sämigkeit einarbeiten und servieren.

MEDITERRANES RÖSTGEMÜSE MIT BALSAMICO-DRESSING

Wenn ich hier sage ‚ziemlich große Zucchini', meine ich nicht jene, die an kleine Kürbisse heranreichen – Riesenzucchini sehen zwar ziemlich beeindruckend aus, schmecken aber nach gar nichts, denn der Wassergehalt ist hoch und die Samen werden größer – manchmal sind sie sogar bitter. Achten Sie darauf, dass sie so lange braten, bis die Ränder leicht angebräunt sind – das dauert zwar fast eine Stunde, macht sich aber durch viel Geschmack bezahlt.

2 rote Zwiebeln, in Spalten geschnitten
1 ziemlich große Zucchini, in Scheiben geschnitten
1 mittelgroße Aubergine, in mundgerechte Stücke geschnitten
1 rote Paprika, entkernt und in Streifen geschnitten
1 gelbe Paprika, entkernt und in Streifen geschnitten
1 orange Paprika, entkernt und in Streifen geschnitten
400 g Kirschtomaten
5 EL Olivenöl
1 große Prise Thymianblätter
3 EL Balsamico-Essig
Meersalzflocken und frisch gemahlener schwarzer Pfeffer
Frische Basilikumblätter, zum Garnieren

ERGIBT 4 PORTIONEN

Backofen auf 190 °C (Gas Stufe 5) vorheizen. Zwiebelspalten auf ein Backblech legen und Zucchini, Aubergine und Paprika darüber verteilen. Tomaten ganz lassen und ebenfalls darüber verteilen. Alles mit Öl beträufeln, mit Salzflocken, frisch gemahlenem schwarzen Pfeffer und viel frischem Thymian würzen. Etwa 50 Minuten bis 1 Stunde braten, zur Hälfte der Kochzeit alles wenden, bis das Gemüse glänzend und weich und an den Rändern angebräunt ist.

Mit Balsamico-Essig beträufeln, mit frischen Basilikumblättern bestreuen und warm oder bei Raumtemperatur servieren.

GESCHMOLZENE TOMATEN MIT BASILIKUM & BURRATA

Warme, süße geschmolzene Baby-Tomaten und cremige Burrata aus dem Kühlschrank sind eine Kombination, die unwiderstehlich ist. Seien Sie beim extra nativen Olivenöl großzügig, denn damit erzeugt man die unglaublichsten Saucen, wenn es sich mit dem Saft der Tomaten mischt und zu etwas Magischen wird, wenn es auf die traumhafte Burrata trifft.

500 g Baby-Pflaumentomaten, halbiert
300 g Baby-Pflaumentomaten, an der Rispe
4–5 EL Olivenöl
2 TL Puderzucker oder Zucker
2 TL frische Thymianblätter
400 g (Abtropfgewicht) Burrata
Meersalz und frisch gemahlener schwarzer Pfeffer
Frische Basilikumblätter, zum Garnieren

ERGIBT 4 PORTIONEN

Backofen auf 150 °C (Gas Stufe 2) vorheizen. Pflaumentomaten, mit der Schnittfläche nach oben auf ein großes, flaches Blech legen. Die Tomaten an der Rispe zu kleinen Grüppchen von 2 oder 3 aufteilen und sie ebenfalls auf dem Blech arrangieren. Mit Öl beträufeln, mit Zucker bestreuen und mit Salz und frisch gemahlenem schwarzen Pfeffer würzen. Thymianblätter darüberstreuen und etwa 30 Minuten garen – bis die Tomaten schmelzend weich und klebrig sind. Aus dem Ofen nehmen und leicht auskühlen lassen. Burrata vorsichtig in Stücke reißen und über den Tomaten verteilen. Mit frischen Basilikumblättern garnieren und warm servieren, dazu knuspriges Brot zum Dippen reichen.

CLAFOUTIS MIT PFLAUMENTOMATEN

Vielleicht kennen Sie ein Kirschen-Clafoutis – das klassische französische Dessert, das weder Pudding, noch Omelett, noch Gratin ist, aber trotzdem von jedermann geliebt wird. Dies ist meine pikante Version – ein erstklassiges Gericht für einen leichten Lunch. Es eignet sich auch gut für einen Picknickkorb.

8 Eier
120 g extra reifer Cheddar-Käse, gerieben
95 g Mehl
300 ml Doppelsahne
300 g Baby-Pflaumentomaten (oder Kirschtomaten)
30 g Parmesan-Käse
Meersalz und frisch gemahlener schwarzer Pfeffer
Frische Basilikumblätter, zum Garnieren

Eine 30 x 17 x 2,5 cm Brownie-Form, leicht befettet und mit Backpapier ausgelegt

ERGIBT 4-6 PORTIONEN

Backofen auf 190 °C (Gas Stufe 5) vorheizen. Eier gut verquirlen und den geriebenen Käse einarbeiten. Langsam das Mehl unterschlagen, bis es vollständig eingearbeitet ist. Sahne einrühren und die Mischung mit Salz und frisch gemahlenem schwarzen Pfeffer abschmecken.

Die Mischung in die vorbereitete Form gießen und die Tomaten gleichmäßig darauf verteilen. Etwa 20–25 Minuten backen, bis sich das Clafoutis gesetzt hat. Mit einem Kartoffelschäler Parmesanspäne abhobeln und auf dem Clafoutis verteilen. Mit frischen Basilikumblättern garnieren, in Quadrate schneiden und servieren.

KAROTTEN-TARTE-TATIN MIT INGWER & MINZE-JOGHURT

1,5 kg Karotten
250 g Schalotten, geschält
3 EL Honig
2 EL Olivenöl
1 EL frische Thymianblätter
30 g weiche Butter
3 EL hellbrauner Muscovado-Zucker
300 g vorgefertigter Blätterteig
Meersalz und frisch gemahlener schwarzer Pfeffer

Für den Joghurt
200 g Naturjoghurt, vollfett
2 cm frischer Ingwer, fein gerieben
1 Knoblauchzehe, gerieben
1 kleiner Bund Minzeblätter, grob gerissen
Extra Minze, zum Garnieren

Eine 30 x 17 x 2,5 cm Brownie-Form

ERGIBT 12 QUADRATE

Wenn man schimmernde glasierte Karotten, karamellisierte Schalotten und knusprig-flaumigen Teig aufeinander treffen lässt, dann kann nichts anderes, als etwas Besonderes dabei herauskommen – diese Tarte Tatin ist so ein Fall.

Backofen auf 190 °C (Gas Stufe 5) vorheizen. Karotten in dreieckige, etwa 2 cm lange Stücke schneiden und mit den geschälten Schalotten auf ein Blech legen. Honig, Olivenöl und Thymianblätter vermengen und die Mischung über das Gemüse löffeln. Abschmecken und etwa 30 Minuten garen, bis die Karotten beginnen, weich zu werden. Blech aus dem Ofen nehmen und Butter und Muscovado-Zucker einrühren.

Blätterteig passend zum Blech ausrollen und vorsichtig über das Gemüse legen, dabei die Ränder andrücken.

Etwa 25 Minuten backen, bis der Teig goldbraun und knusprig ist. Aus dem Ofen nehmen und vor dem Umdrehen 4–5 Minuten ruhen lassen, dann auf ein Schneidebrett stürzen und in Quadrate schneiden.

Joghurt, geriebenen Ingwer und geriebenen Knoblauch in einer Schüssel verrühren. Die gerissenen Minzeblätter zugeben und mit ein wenig Salz und frisch gemahlenem schwarzen Pfeffer würzen. Karotten-Tarte-Tatin auf einer hübschen Platte anrichten und mit extra Minzeblättern garnieren. Mit dem Joghurt separat in einer Schüssel servieren.

GERÖSTETE MINI-PAPRIKA MIT FETA, OLIVEN & PESTO

Wenn Sie das Gericht nur auf Pflanzenbasis machen wollen, nehmen Sie einfach veganen Käse oder servieren Sie das Ganze ohne Käse, aber geben Sie den Saft einer Zitrone, Basilikum und Knoblauch zum Öl und ersetzen das Pesto durch ein Dressing.

400 g Mini-Paprika, halbiert und entkernt
250 g Kirschtomaten, geviertelt
2 Knoblauchzehen, fein gehackt
4 EL Olivenöl
100 g schwarze Oliven, entkernt
200 g Feta-Käse
Meersalz und frisch gemahlener Pfeffer

Für das Pesto
80 ml Olivenöl
2 Knoblauchzehen, gehackt
80 g Parmesan-Käse, gerieben
40 g Pinienkerne
2 große Handvoll frische Basilikumblätter

ERGIBT 4 PORTIONEN

Backofen auf 190 °C (Gas Stufe 5) vorheizen. Mini-Paprika auf ein großes, flaches Blech legen und Tomaten darauf verteilen. Mit gehacktem Knoblauch bestreuen und mit Olivenöl beträufeln. Abschmecken und etwa 20–25 Minuten garen, bis die Paprika weich und angebräunt sind.

Blech aus dem Ofen nehmen und Oliven darüberstreuen. Feta in Stücke brechen und über dem Gemüse verteilen.

Für das Pesto Olivenöl, Knoblauch, geriebenen Parmesan und Pinienkerne in einer kleinen Küchenmaschine (man kann auch ein hohes Gefäß und einen Stabmixer verwenden) mixen. Basilikum zugeben und zu einer gleichmäßigen Paste pürieren. Würzen und kleine Löffel Pesto auf den Paprika und, Oliven und Feta verteilen. Warm oder bei Raumtemperatur servieren.

KNOLLENSELLERIE IN DER SALZKRUSTE
BLAUSCHIMMELKÄSE & GLASIERTER TREVISO-RADICCHIO

In der Salzkruste gebackenen wird die bescheidene Sellerieknolle zu etwas Besonderem. Das Aroma durchdringt das Gemüse, ohne dass es zu salzig schmeckt.

Für die Salzkruste
225 g Mehl, plus extra zum Bestäuben
400 g feines Meersalz
1 große Handvoll frische Thymianblätter
1 Handvoll Rosmarin, frisch gehackt
2 Eiweiß, leicht aufgeschlagen

900 g – 1 kg Sellerieknolle
4 Treviso-Radicchio, längs halbiert
5 EL Olivenöl
200 g Gorgonzola-Käse (oder anderer scharfer Bauschimmelkäse), in kleinen Stücken
1 Handvoll sehr junge, frische Salbeiblätter (alte Blätter sind zu bitter)
3 EL fester Honig
abgeriebene Schale und Saft von 1 mittelgroßen Orange
Frisch gemahlener schwarzer Pfeffer
2–3 Ratafia-Biscuits oder knusprige Amaretti, zum Servieren

ERGIBT 4 PORTIONEN

Backofen auf 190 °C (Gas Stufe 5) vorheizen. Für die Salzkruste Mehl und Salz mit Thymian und Rosmarin vermengen. Eiweiß und genügend Wasser einrühren, sodass ein weicher, biegsamer Teig entsteht. Etwas Mehl auf Backpapier stäuben und den Teig so groß ausrollen, dass er die Sellerieknolle ganz bedeckt. Knolle in die Mitte des Teiges setzen und die Ränder des Backpapiers an den Seiten nach oben ziehen und den Teig mit den Händen fest auf die Knolle drücken. In die Kruste ein kleines Loch machen und die Knolle auf ein leicht bemehltes Blech setzen. Etwa 1 Stunde 20 Minuten backen, bis man einen Spieß leicht bis in die Mitte der Knolle stechen kann.

Sellerieknolle vom Blech nehmen, beiseitestellen und das Blech sauber wischen. Radicchio auf das Blech legen, mit 2 EL Olivenöl beträufeln und etwa 20 Minuten garen, bis er weich und goldbraun ist. Blech aus dem Ofen nehmen und Radicchio auf einer Seite zusammenschieben. Salzkruste aufschneiden und die Sellerieknolle herausnehmen. Die raue Haut abschälen und das Fleisch in Scheiben schneiden. Mit je drei Scheiben acht Türme auf dem Blech aufschichten. Gorgonzola-Stücke zwischen den Türmchen verteilen, mit den Salbeiblättern bestreuen und mit etwas frisch gemahlenem schwarzen Pfeffer würzen. Für 5–10 Minuten zurück in den Ofen schieben, bis der Käse geschmolzen ist. Das restliche Olivenöl mit Honig und Orangenschale und -saft vermengen. Blech aus dem Ofen nehmen, Orangen-Dressing über den Radicchio träufeln, mit zerkrümelten Ratafia- oder Amaretti-Biscuits bestreuen und servieren.

ZUCCHINI & GETROCKNETE TOMATEN-PUFFER
MIT SUMACH-KEFALOTYRI

450 g Zucchini, Enden abgeschnitten
1 gestrichener TL feines Meersalz
80 g sonnengetrocknete Tomaten, grob gehackt
1 großer Bund Frühlingszwiebeln, gehackt
2 EL feines Polentamehl
1 gestrichener TL Backpulver
1 Ei, verquirlt
4–5 EL Olivenöl
150 g Kefalotyri-Käse, klein gewürfelt
1 TL gemahlenes Sumach
Frisch gemahlener schwarzer Pfeffer
Frische Minzeblätter und gemischte Salatblätter, zum Servieren

ERGIBT 4 PORTIONEN (8 PUFFER)

Kefalotyri ist ein Hartkäse aus Griechenland und Zypern, nicht unähnlich Halloumi. Im Ofen gebacken bekommt er eine herrlich goldene Farbe und hat in geschmolzener Form eine leicht zähe Konsistenz und einen angenehm salzigen Geschmack.

Backofen auf 200 °C (Gas Stufe 6) vorheizen. Zucchini grob raspeln und in ein großes Sieb geben. Mit Salz bestreuen und etwa 10 Minuten stehen lassen, dann das Wasser so gut wie möglich ausdrücken und Zucchini in eine große Schüssel geben. Die sonnengetrockneten Tomaten, Frühlingszwiebeln, Polenta und Backpulver zugeben und ein Ei einrühren, bis alles gleichmäßig vermengt ist. Mit etwas frisch gemahlenem schwarzen Pfeffer (man braucht kein zusätzliches Salz) würzen.

Ein großes Blech mit etwas Öl bepinseln und die Gemüsemischung esslöffelweise darauf setzen. 15 Minuten backen. Die Oberflächen der Puffer mit ein wenig Öl bestreichen, wenden und für 5 Minuten wieder in den Ofen schieben. In der Zwischenzeit Käsewürfel in Öl und Sumach wenden und auf den Puffern verteilen. Weitere 15 Minuten backen, bis der Käse goldbraun und geschmolzen ist.

Mit Minzeblättern garnieren und mit gemischtem Salat servieren.

WARMER HALLOUMI, FEIGEN & PISTAZIEN-SALAT

400 g Halloumi-Käse, in mundgerechte Stücke geschnitten
4 EL Olivenöl
1–2 TL Ras el-Hanout-Gewürzmischung (siehe Seite 77)
8–10 feste, aber reife Feigen
1–2 EL flüssiger Honig
2 Handvoll Pistazien, grob gehackt
1 EL Balsamico-Essig
Frische Minzeblätter, zum Garnieren

ERGIBT 4 PORTIONEN

Nie, nie habe ich widerstehen können, vom Käse zu naschen, wenn ich die Ofentüre öffnete und er so herrlich golden und mit Gewürzen gefleckt vor mir lag. Natürlich erklimmt seine Anziehungskraft ungeahnte Höhen, wenn man ihn mit warmen, Honig beträufelten Feigen und mit Pistazien und Minze bestreut serviert, deshalb sollte ich eigentlich mehr Geduld aufbringen.

Backofen auf 190 °C (Gas Stufe 5) vorheizen. Halloumi-Stücke auf ein tiefes Blech legen, mit der Hälfte des Öls beträufeln und mit Ras el-Hanout bestreuen. Den Käse vorsichtig in der Gewürzmischung wenden, sodass er gleichmäßig damit überzogen ist. 10 Minuten backen, bis der Halloumi weich und goldbraun ist. Feigen vierteln und im Bräter verteilen. Mit Honig beträufeln und für 5–6 Minuten zurück in den Ofen schieben, bis die Feigen warm und weich sind, aber noch ihre Form behalten. Mit gehackten Pistazien bestreuen. Balsamico-Essig mit dem restlichen Olivenöl verquirlen und alles damit beträufeln. Mit Minzeblättern garnieren und warm servieren.

PAPPA AL POMODORO

225 g Sauerteigbrot
4–5 EL Olivenöl
2 Knoblauchzehen, fein gehackt
2 x 400 g Dosen geschälte Tomaten, in Stücken
200 g Kirschtomaten
250 ml Gemüsebrühe
1 TL Puderzucker oder Zucker
1 Handvoll Basilikumblätter, grob gerissen
Meersalz und frisch gemahlener schwarzer Pfeffer

Zum Servieren
2 EL Olivenöl
Frische Basilikumblätter
50 g Parmesan-Käse, gehobelt

ERGIBT 3-4 PORTIONEN

Ich verliebte mich auf einer Toskana-Reise Hals über Kopf in diese Tomatensuppe. Wir verschlangen fast jeden Tag eine andere Version, oft von einer toskanischen Nonna nach einem geheimen Familienrezept zubereitet. Die Suppe gehört auf jeden Fall zu den Dingen, die ich auf eine einsame Insel mitnehmen würde. Diese Ofenversion ist ein Ass – obwohl ich mich auch beim Naschen von Knoblauchbrot zurückhalten muss.

Backofen auf 190 °C (Gas Stufe 5) vorheizen. Brot in Stücke reißen und auf einem Blech in Olivenöl und Knoblauch wenden, bis das Brot gut damit überzogen ist. Etwa 10 Minuten backen, bis das Brot knusprig goldbraun ist.

Geschälte Tomaten, Kirschtomaten, Brühe und Zucker unterrühren. Mit Salz und frisch gemahlenem schwarzen Pfeffer würzen. Mit Aluminiumfolie abdecken und 20 Minuten backen, bis die Kirschtomaten weich sind. Aluminiumfolie abnehmen und die Kirschtomaten mit den Zinken einer Gabel zerdrücken. Gerissenen Basilikum einrühren und für weitere 4–5 Minuten backen.

Mit Öl beträufeln, mit Basilikum bestreuen und mit Parmesanspänen servieren.

GESCHMORTE AUBERGINEN & SCHALOTTEN
MIT LIMA-BOHNEN & SCHITTLAUCH-DIP

400 g kleine Schalotten
4 EL Olivenöl
2 EL Puderzucker oder Zucker
3 mittelgroße Auberginen, in mundgerechte Stücke geschnitten
500 g Kirschtomaten
1 x 400 g Dose geschälte Tomaten, in Stücken
350 ml Rotwein
3 Knoblauchzehen, fein gehackt
1 frisches Lorbeerblatt
1 Bund Petersilie, frisch gehackt

Für den Dip
1 x 400 g Dose Lima-Bohnen
2 Knoblauchzehen, grob gehackt
3–4 EL Wasser
3 EL Olivenöl
Saft von 1 Zitrone
1 kleiner Bund Schnittlauch, gehackt

ERGIBT 4 PORTIONEN

Das Gericht ist eine Adaptation eines Rezeptes von der unglaublich talentierten Claudia Roden aus ihrem von mir sehr geschätzten mediterranen Kochbuch. Ich dachte, karamellisierte Schalotten wären eine nette Ergänzung. Der Dip mit Lima-Bohnen bringt zusätzliches Protein.

Backofen auf 190 °C (Gas Stufe 5) vorheizen. Schalotten schälen, auf dem Boden eines Bräters verteilen, mit Olivenöl beträufeln, mit Zucker bestreuen und 15 Minuten braten, bis die Schalotten goldbraun werden. Auberginen-Stücke und Tomaten zugeben und den Rotwein darübergießen. Knoblauch, restlichen Zucker und Lorbeerblatt unterrühren. Bräter zurück in den Ofen schieben und weitere 25 Minuten braten, bis die Auberginen weich sind und die Sauce eingedickt ist. Lorbeerblatt entfernen und die gehackte Petersilie einrühren.

Für den Dip Lima-Bohnen einfach abgießen und abspülen und mit Knoblauch, Wasser, Öl und Zitrone in einer Küchenmaschine (oder in einem hohen Gefäß mit einem Stabmixer) zu einem glatten Dip pürieren. Gehackten Schnittlauch einrühren und mit dem Schmorgericht servieren.

GRIECHISCHER KARTOFFEL & ZUCCHINI-AUFLAUF
MIT FETA UND FRISCHEN KRÄUTERN

Diese Kombination aus Zucchini, Tomaten und Kartoffeln mit Knoblauch und Kräutern ergibt eine erstaunlich harmonische Verbindung. Die Kartoffeln werden kurz in Wasser eingeweicht, damit sie etwas Stärke verlieren. Verzichten Sie nicht auf das Abspülen. Wenn Sie sie nur durch ein Sieb abgießen, fließt das stärkehaltige Wasser wieder über sie und macht den Effekt des Einweichens zunichte.

- 800 g mehlige Kartoffeln, geschält und in 3 mm dicke Scheiben geschnitten
- 5 reife Tomaten, grob gehackt
- 2 eher große Zucchini, in dünne Scheiben geschnitten
- 4–5 EL Olivenöl
- 2 Knoblauchzehen, gehackt
- 1 EL getrockneter Oregano
- 200 g Feta-Käse, in mundgerechte Stücke geschnitten
- 1 kleiner Bund Petersilie, grob gehackt
- Meersalz und frisch gemahlener schwarzer Pfeffer

Backofen auf 190 °C (Gas Stufe 5) vorheizen. Kartoffelscheiben in einer großen Schüssel mit kaltem Wasser bedecken und 10 Minuten weichen lassen. In ein großes Sieb abgießen und unter fließendem kalten Wasser gründlich abspülen. Mit Küchenpapier trocken tupfen. Schüssel ausspülen und abtrocknen und die trockenen Kartoffelscheiben mit den gehackten, geschälten Tomaten und Zucchinischeiben hineingeben. Olivenöl zugießen und gehackten Knoblauch und Oregano zugeben. Mit Salz und frisch gemahlenem schwarzen Pfeffer würzen. Gemüse auf einem tiefen Blech verteilen und etwa 1 Stunde braten, bis alles goldbraun ist und die Kartoffeln knusprig sind.

Blech aus dem Ofen nehmen. Feta über das Gemüse verteilen. Mit gehackter Petersilie bestreuen und sofort servieren.

ERGIBT 4 PORTIONEN

TIAN MIT LORBEER-SOMMERGEMÜSE

Das Gericht ist ganz leicht zuzubereiten und wenn es blubbernd und goldbraun aus dem Ofen kommt, riecht es mit seinem Duft nach Lorbeer nach Sommer. Es schmeckt einfach jedem und kann für Veganer adaptiert werden, indem man Mozzarella durch veganen Käse ersetzt, der heute schon überall erhältlich ist.

- 2 Zucchini, in dünne Scheiben geschnitten
- 6 reife Tomaten, in Scheiben geschnitten
- 350 g Kartoffeln, sehr dünn geschnitten
- 80 ml Olivenöl
- 1 TL Oregano
- 2 TL frische Thymianblätter
- 350 g Mozzarella, dünn geschnitten
- 2 kleine Lauchstangen, geputzt und geschnitten
- 4–5 frische Lorbeerblätter
- Meersalz und frisch gemahlener schwarzer Pfeffer

30 x 17 x 2,5 cm Brownie-Form, leicht befettet

Backofen auf 190 °C (Gas Stufe 5) vorheizen. Zucchini und Tomatenscheiben in eine große Schüssel geben. Kartoffelscheiben in einem großen Sieb unter fließendem kalten Wasser abspülen, um möglichst viel Stärke auszuschwemmen, und in eine separate Schüssel geben. Bis auf 1 oder 2 El das Olivenöl auf die zwei Schüsseln aufteilen und das Gemüse wenden, bis alles gut damit überzogen ist, dann mit Salz und frisch gemahlenem schwarzen Pfeffer würzen und Oregano und Thymianblätter zugeben. Gemüse und Mozzarella abwechselnd in Schichten ziemlich dicht auf dem Blech anordnen, dabei die Spitzen etwas vorstehen lassen. Zwischendurch mit dem geschnittenen Lauch bestreuen. Lorbeerblätter halbieren und hier und da hineinstecken. Mit dem restlichen Öl beträufeln, in den Ofen schieben und etwa 50 Minuten backen, bis das Gemüse gar und goldbraun ist. Lorbeerblätter entfernen und servieren.

ERGIBT 4 PORTIONEN

AFRIKA

KARAMELLISIERTER FENCHEL & KAROTTEN
MIT ORANGEN & ZITRONEN-KRÄUTER-DRESSING

2 runde Fenchelknollen
600 g Karotten, alte Sorten
4–5 EL Olivenöl
Saft von 1 Zitrone
2 TL Puderzucker oder Zucker
4 saftige Orangen
Meersalz und frisch gemahlener schwarzer Pfeffer

Für das Dressing
100 ml plus 1 EL Olivenöl
abgeriebene Schale und Saft von 1 Zitrone
1 TL Puderzucker oder Zucker
1 große Handvoll gemischte Kräuter (Petersilie, Korianderblätter, Dill, Schnittlauch etc.), gehackt

ERGIBT 4 PORTIONEN

Karamellisierter Fenchel und bunte Karotten alter Sorten passen wunderbar zu dünnen Scheiben frischer, saftiger Orangen. Sparen Sie nicht bei den Kräutern.

Backofen auf 190 °C (Gas Stufe 5) vorheizen. Fenchelknollen putzen und längs halbieren. Jede Hälfte in 3 oder 4 Spalten schneiden und auf ein Blech legen. Karotten je nach Größe längs halbieren oder vierteln und zum Fenchel geben. Mit Öl und Zitronensaft beträufeln und mit Zucker bestreuen. Etwa 25–30 Minuten garen, bis das Gemüse weich und an den Rändern leicht angebräunt ist.

In der Zwischenzeit Orangen oben und unten kappen, schälen und in dünne Scheiben schneiden. Öl, Zitronensaft und Zucker für das Dressing verrühren, und den restlichen Saft aus den abgeschnittenen Orangenkappen pressen. Mit wenig Salz und schwarzem Pfeffer würzen.

Blech aus dem Ofen nehmen und alles auf einer Platte anrichten. Mit dem Zitronen-Dressing beträufeln, mit Kräutern bestreuen und servieren.

TUNESISCHE MECHOUIA MIT EINGELEGTER ZITRONE & BLUMENKOHL-REIS MIT RAS EL-HANOUT

3 rote Zwiebeln, in Spalten geschnitten
2 rote Paprika und 1 gelbe Paprika, entkernt und in Streifen geschnitten
350 g Kirschtomaten
2 kleine Auberginen, in kleine Würfel geschnitten
2 Knoblauchzehen, gehackt
1 große rote Chilischote, entkernt und gehackt
100 ml plus 1 EL Olivenöl
1 EL Sherry-Essig
1 kleiner Blumenkohl
1 TL Ras el-Hanout-Gewürzmischung
¼ eingelegte Zitrone
1 kleiner Bund Korianderblätter, gehackt
Meersalz und frisch gemahlener schwarzer Pfeffer

ERGIBT 4 PORTIONEN

Mechouia gibt es in vielen Variationen, sie ist aber grundsätzlichen ein marokkanischer Salat, der das Spitzentrio Paprika, Tomaten und Auberginen kombiniert.

Backofen auf 190 °C (Gas Stufe 5) vorheizen. Zwiebelspalten, Paprika und Kirschtomaten auf ein großes, flaches Blech legen. Auberginenwürfel darüber verteilen. Mit gehacktem Knoblauch und Chili bestreuen, mit etwa einem Drittel des Olivenöls beträufeln, das Blech in den Ofen schieben und etwa 40 Minuten braten, bis das Gemüse weich und an den Rändern leicht angebräunt ist.

Blech aus dem Ofen nehmen, Sherry-Essig zugeben und abschmecken. Gemüse auf einer schönen Platte anrichten und warm halten.

Blumenkohl in sehr feine Stücke (in der Größe von Reiskörnern) hacken, in eine Schüssel geben, restliches Öl und Ras el-Hanout zugeben und wenden, bis alles gut damit überzogen ist. Mischung auf dem Blech verteilen (sie brauen es nicht abzuwaschen) und für etwa 10 Minuten wieder in den Ofen schieben, bis der Blumenkohl gar, aber noch bissfest ist.

Fruchtfleisch aus der eingelegten Zitrone entfernen, Schale abspülen, sehr fein hacken und unter den Blumenkohl-Reis mischen. Blumenkohl-Reis auf der Mechouia verteilen und mit viel Koriandergrün garnieren. Warm servieren.

SAFRAN-BLUMENKOHL-STEAKS
MIT KANDIERTEN ARTISCHOCKEN, GERÖSTETEN WEINTRAUBEN, PISTAZIEN & LIMETTEN-CHERMOULA

Dicke Scheiben Blumenkohl sehen hübsch aus und schmecken gut, wenn man sie mit Safran-Öl bestreicht und im Ofen bäckt. Sollten Sie noch nie Weintrauben geröstet haben, werden Sie spätestens jetzt überzeugt sein – besonders hier, wo sie die anderen Elemente perfekt ergänzen und durch das pikante Limetten-Chermoula-Dressing hervorgehoben werden.

1 großzügige Portion Safranfäden
Saft von 1 Zitrone
500 g Jerusalem-Artischocken
1 großer Blumenkohl
50 ml/3½ EL Olivenöl
1 gestrichener TL Paprikapulver
20 g hellbrauner Muscovado-Zucker
300 g kleine, süß-saftige rote Weintrauben
50 g Pistazien

Für die Limetten-Chermoula
80 ml extra natives Olivenöl
2 Knoblauchzehen, gehackt
1 TL Kreuzkümmel-Samen
1 TL gemahlener Koriander
1 TL getrocknete Chiliflocken
1 großer Bund Korianderblätter, grob gehackt
1 großer Bund Petersilie, grob gehackt
1 kleine Handvoll Minzeblätter
abgeriebene Schale und Saft von 1 großen Limette

ERGIBT 4 PORTIONEN

Backofen auf 190 °C (Gas Stufe 5) vorheizen. Safranfäden in eine kleinen Schüssel mit 1 EL gerade gekochtem Wasser verrühren. Beiseitestellen.

Eine große Schüssel mit kaltem Wasser füllen und Zitronensaft zugeben. Artischocken putzen, in Scheiben schneiden und in das Zitronenwasser legen, damit sie nicht braun werden.

Blumenkohl in dicke Scheiben schneiden (wie ‚Steaks'. Blumenkohlscheiben auf ein großes, flaches Blech legen. 30 ml/2 EL des Olivenöls mit der Safran-Infusion vermischen und über den Blumenkohl träufeln. Scheiben mit Paprikapulver bestäuben. Das restliche Olivenöl mit Muscovado-Zucker verrühren. Artischockenscheiben aus dem Zitronenwasser nehmen und kurz mit Küchenpapier trocken tupfen. In der Öl-Zuckermischung wenden, auf dem Blech verteilen und in den Ofen schieben. Etwa 15 Minuten garen, bis das Gemüse fast weich ist.

Weintrauben in kleine Rispen zerteilen und auf dem Blech verteilen. Blech für weitere 10–15 Minuten in den Ofen schieben, bis das Gemüse weich und goldbraun ist, und die Haut der Weintrauben ein wenig aufplatzt und karamellisiert. Blech aus dem Ofen nehmen und das Gemüse mit Pistazien bestreuen.

Füe die Limetten-Chermoula einfach alle Zutaten in einer Küchenmaschine zu einer eher glatten Sauce pürieren. Über die Blumenkohl-Steaks träufeln und servieren.

WURZELGEMÜSE MIT HONIG & RAS EL-HANOUT UND SCHAFMILCH-JOGHURT MIT PISTAZIEN, GRANATAPFEL UND KORIANDER

Pikantes Ras el-Hanout mit ein wenig Honig, kombiniert mit geröstetem Wurzelgemüse und grünen Pistazien, saftigen Granatapfelkernen und einem Klecks Knoblauch-Kräuter-Joghurt – und Sie fühlen Sich wie auf einem Kamel unterwegs in den siebenten Himmel.

300 g Sellerieknolle, geschält und gewürfelt
300 g Pastinaken, gestiftelt
300 g Karotten, gestiftelt
150 g kleine Rüben, in Spalten geschnitten
200 g Rote Bete, in Spalten geschnitten
200 g Butternuss-Kürbis, in Spalten geschnitten
200 g Schalotten, geschält
50 ml/3½ EL Olivenöl
2 EL Ras el-Hanout-Gewürzmischung
1 EL fließender Honig
(oder brauner Reissirup für die vegane Variante)
50 g Pistazien
Kerne von 1 Granatapfel
Meersalz und frisch gemahlener schwarzer Pfeffer
Frische Petersilie, zum Garnieren

Für die Ras el-Hanout-Gewürzmischung
10 g grob gemahlener schwarzer Pfeffer
10 g gemahlener Koriander
5 g/1 EL gemahlener Ingwer
5 g/1 EL geräuchertes Paprikapulver
Je ½ TL Allgewürz, gemahlene Muskatnuss, gemahlene Gelbwurz und Cayenne-Pfeffer
Samen von 2 grünen Kardamom-Kapseln
¼ TL gemahlene Gewürznelken
1 TL getrocknete Rosenblätter

Für die Joghurt Dressing
200 ml Schafmilch-Joghurt
1 Knoblauchzehe, geschält und gerieben
1 Handvoll Korianderblätter, frisch gehackt

Backofen auf 180 °C (Gas Stufe 4) vorheizen. Für die Ras el-Hanout-Gewürzmischung alle Gewürze in einem Mörser zerstoßen. in einem Glas mit Drehverschluss aufbewahren.

Sellerieknolle, Pastinaken, Karotten, Rüben, Rote Bete und Butternuss-Kürbis zusammen in einen großen Bräter geben und Schalotten darauf verteilen. Olivenöl mit der Ras el-Hanout-Gewürzmischung und dem Honig verrühren. Über das Gemüse gießen, mit Salz und frisch gemahlenem schwarzen Pfeffer würzen und wenden, sodass alles gut damit überzogen ist. Etwa 30–35 Minuten garen, bis das Gemüse weich und etwas angebräunt ist. Aus dem Ofen nehmen, auf einer vorgewärmten Platte anrichten und mit Pistazien und Granatapfelkernen bestreuen.

Für das Dressing Schafmilch-Joghurt mit geriebenem Knoblauch und gehackten Korianderblättern verrühren und auf dem Gemüse verteilen. Mit frischer Petersilie garnieren und warm servieren.

ERGIBT 4 PORTIONEN

ÄTHIOPISCHER LINSENTOPF

1 Zwiebel, in Scheiben geschnitten
2 Knoblauchzehen, geschält und gehackt
4 EL Olivenöl
2 EL Berbere-Gewürzmischung (siehe Seite 82)
2 große Karotten
1 große Süßkartoffel (etwa 250 g), geschält und in mundgerechte Stücke geschnitten
1 x 400 g Dose geschälte Tomaten, gehackt
4 cm frischer Ingwer, gerieben
450 ml passierte Tomaten
800 ml gut gewürzte Gemüsebrühe
2 EL Tomatenketchup, guter Qualität
150 g getrocknete rote Linsen, abgespült
1 große Handvoll frischer Baby-Spinat
1 Bund Petersilie, frisch gehackt
Chili-Öl (siehe Seite 25), zum Servieren (optional)

ERGIBT 4 PORTIONEN

Dieser äthiopisch inspirierte Linseneintopf ist großartig, wenn es Sie nach etwas Simplen und trotzdem Geschmackvollem gelüstet. Stoßen Sie sich nicht an dem Gedanken Ketchup zu Gerichten mit Tomaten zu geben – gutes Ketchup gibt Dosentomaten und passierten Tomaten ihre oft fehlende Süße wieder zurück.

Backofen auf 190 °C (Gas Stufe 5) vorheizen. Zwiebel mit dem Knoblauch auf den Boden eines Bräters geben, alles mit Olivenöl beträufeln und mit der Berbere-Gewürzmischung bestreuen. Gründlich umrühren, alles mit der Gewürzmischung überziehen und 10 Minuten braten.

Karotten in dreieckige Stücke schneiden. Bräter aus dem Ofen nehmen und Karotten und Süßkartoffel zugeben. Geschälte Tomaten zugießen und den geriebenen Ingwer einrühren. Passierte Tomaten, Brühe und Ketchup zugeben. Linsen unterrühren, mit Aluminiumfolie abdecken und 30–35 Minuten backen, bis das Gemüse und die Linsen weich sind und der Eintopf eingedickt ist.

Spinat und die Hälfte der Petersilie zugeben und den Bräter für weitere 3–4 Minuten in den Ofen schieben. Wenn gewünscht nochmals mit gehackter Petersilie und Chili-Öl garnieren.

AFRIKANISCHE ERDNUSS-SUPPE

1 große Zwiebel, gehackt
500 g Süßkartoffeln, geschält und in mundgerechte Stücke geschnitten
2 rote oder orange Paprika, entkernt und in Streifen geschnitten
4 EL extra natives Olivenöl
1 gehäufter EL Berbere-Gewürzmischung (siehe Seite 82)
4 cm frischer Ingwer
2 Knoblauchzehen, fein gehackt
1 l Gemüsebrühe
4 EL Erdnussbutter
2 EL Ahornsirup
1 x 400 g Dose Lima-Bohnen
2 Handvoll Kohl oder anderes grünes Gemüse
2–3 Handvoll geröstete, gesalzene Erdnüsse, grob gehackt
1 Handvoll Korianderblätter, frisch gehackt

ERGIBT 4 PORTIONEN

Würzig und befriedigend wärmt diese beruhigende Suppe als Hauptgericht Körper und Seele selbst am kältesten Wintertag. Verwenden Sie Erdnussbutter guter Qualität – ohne Zucker und ohne Palmöl.

Backofen auf 190 °C (Gas Stufe 5) vorheizen. Zwiebel auf den Boden eines Bräters geben, Süßkartoffeln und Paprika zugeben. Öl und Berbere-Gewürzmischung einrühren und alles 15 Minuten braten.

Ingwer schälen, fein hacken und mit dem Knoblauch zugeben. Gemüsebrühe zugießen und Erdnussbutter und Ahornsirup einrühren. Lima-Bohnen abgießen und abspülen und ebenfalls in den Bräter geben. Wieder für 20–25 Minuten in den Ofen schieben, bis das Gemüse weich und die Suppe eingedickt ist. Kohl zugeben und weitere 5 Minuten braten. Blech aus dem Ofen nehmen, mit gehackten Erdnüssen und Korianderblättern bestreuen und servieren.

SÜSSKARTOFFEL, SAFRAN & AUBERGINEN-SCHORBA

2 Zwiebeln, gehackt
2 Süßkartoffeln (etwa 400 g), geschält und in mundgerechte Stücke geschnitten
1 Aubergine, gewürfelt
100 g Kirschtomaten, in Scheiben geschnitten
4 EL Olivenöl
2 EL Ras el-Hanout-Gewürzmischung
1 l Gemüsebrühe
1 großzügige Portion Safranfäden
100 g plus 1 EL Schnellkoch-Dinkel oder Basmati-Reis
1 x 400 g Dose Kichererbsen
1 Handvoll Korianderblätter, frisch gehackt

ERGIBT 4 PORTIONEN

Die herzhafte Suppe Schorba, ähnlich wie Harira, ist in nordafrikanischen Ländern beliebt. Ich serviere sie gern mit dickem Naturjoghurt, Chili-Öl und knusprigem Brot.

Backofen auf 190 °C (Gas Stufe 5) vorheizen. Zwiebeln und Süßkartoffeln auf ein großes, tiefes Blech geben. Aubergine und Kirschtomaten zugeben, mit Öl beträufeln und Ras el-Hanout einrühren, sodass alles gut damit überzogen ist. Blech in den Ofen schieben und 20–25 Minuten garen, bis das Gemüse eine goldene Farbe angenommen hat.

Brühe zugießen und Safran und Dinkel (oder Reis) zugeben. Kichererbsen abgießen und abspülen, in den Bräter geben und alles gut verrühren. Für weitere 25–30 Minuten in den Ofen schieben und braten, bis der Dinkel (oder Reis) weich und die Suppe eingedickt ist. Mit frisch gehackten Korianderblättern bestreuen und servieren.

HARIRA MIT SAFRAN & CHILI HUMMUS

2 Zwiebeln, grob gehackt
2 Stangen Sellerie, gewürfelt
2 große Karotten, gewürfelt
4 EL Olivenöl
1 TL gemahlener Ingwer
1 EL gemahlener Koriander
1 EL gemahlener Kreuzkümmel
2 TL gemahlene Gelbwurz
2 Knoblauchzehen, gehackt
100 g grüne oder Puy-Linsen
1 x 400 g Dose geschälte Tomaten
1 l Gemüsebrühe
1 x 400 g Dose Kichererbsen
40 g Spaghetti oder Vermicelli-Nudeln
1 Bund Korianderblätter, frisch gehackt

Für den Safran & Chili-Hummus
50 ml/3½ EL gerade gekochtes Wasser
1 Prise Safranfäden
1 x 400 g Dose Kichererbsen
2 gehäufte EL Tahina-Paste
2 Knoblauchzehen, grob gehackt
Saft von 1 Zitrone
½ TL Chiliflocken
3–4 EL Olivenöl
Meersalz und frisch gemahlener schwarzer Pfeffer

ERGIBT 4 PORTIONEN

Manchmal als nationale Suppe Marokkos bezeichnet, isst man Harira oft während des muslimischen Fastenmonats Ramadan. Meist enthält sie Fleisch – oft Lamm –, schmeckt aber auch fleischlos köstlich. Auf reichhaltiger, pikanter Tomatenbasis und voller Gemüse, Hülsenfrüchte und Pasta ist sie allein schon eine Hauptmahlzeit. Ich serviere dazu einen herrlichen Hummus mit Safran und Chili.

Backofen auf 190 °C (Gas Stufe 5) vorheizen. Zwiebeln mit Sellerie und Karotten auf ein Blech geben. Mit Öl beträufeln und die gemahlenen Gewürze unterrühren. 15 Minuten garen, bis das Gemüse beginnt, weich zu werden.

Blech aus dem Ofen nehmen und Knoblauch, Linsen, geschälte Tomaten und Brühe zugeben. Kichererbsen abgießen und abspülen, und ebenfalls zugeben. Für weitere 20 Minuten in den Ofen schieben. Spaghetti oder Vermicelli in 2 cm große Stücke brechen und in die Suppe einrühren. Weitere 10 Minuten kochen, bis die Pasta weich ist. Mit frisch gehackten Korianderblätter garnieren.

Für den Hummus, Wasser und Safran verrühren und 10 Minuten (oder länger, falls Sie Zeit haben) ziehen lassen. Kichererbsen abgießen und abspülen, in eine Küchenmaschine (oder hohes Gefäß für den Stabmixer) geben. Tahini-Paste, Safran mit dem Wasser, Knoblauch, Zitronensaft, Chiliflocken und Öl zugeben. Zu einer glatten Paste pürieren und nach Geschmack würzen. Servieren.

GERÖSTETER BERBERE-BLUMENKOHL
MIT APRIKOSEN, PINIENKERNEN & MUHAMMARA

Berbere ist eine sehr scharfe Gewürzmischung aus Äthiopien – wenn Sie Ihr eigenes produzieren, können Sie die Schärfe anpassen. Muhammara ist ein herrlicher Dip aus Aleppo in Syrien, ist aber heute in der ganzen Levante beliebt.

Für die Muhammara
2 rote Paprika, entkernt und in Streifen geschnitten
3 EL Olivenöl
1 TL gemahlener Kreuzkümmel
50 g Walnuss-Hälften
1 Knoblauchzehe, fein gehackt
30 g frische Brotkrumen
1 EL Granatapfelsirup
1 EL Tomatenketchup guter Qualität
1 TL getrocknete Chiliflocken
Meersalz und frisch gemahlener schwarzer Pfeffer

Für die Berbere-Gewürzmischung
30 g Chiliflocken
8 g Meersalzflocken
8 g grob gemahlener schwarzer Pfeffer
7 g gemahlener Kreuzkümmel
7 g Koriandersamen
2 g Fenchelpulver
1 g gemahlener Ingwer
1/3 TL Allgewürz
1/3 TL gemahlene Gewürznelken
1/3 TL gemahlene Muskatnuss
Samen von 2 grünen Kardamom-Kapseln

Für die Blumenkohl
1 Blumenkohl
3–4 EL Olivenöl
1 1/2 EL Berbere-Gewürzmischung (siehe oben)
50 g Pinienkerne, geröstet
200 g getrocknete Aprikosen, halbiert

Zum Servieren
2 EL Granatapfelsirup
3 EL Olivenöl
1 Handvoll Korianderblätter, frisch gehackt
1 kleine Handvoll Petersilie, frisch gehackt
Minzeblätter, zum Garnieren

ERGIBT 4 PORTIONEN

Backofen auf 190 °C (Gas Stufe 5) vorheizen.

Für die Muhammara die roten Paprika mit 2 EL Öl und Kreuzkümmel vermengen und die Streifen auf ein großes Bleck legen. Etwa 20 Minuten garen, bis sie weich und leicht angebräunt sind.

In eine Küchenmaschine geben und pürieren. Walnüsse, Knoblauch, Brotkrumen, Granatapfelsirup, Ketchup, Chiliflocken und das restliche Öl und nochmals pürieren, bis die Konsistenz von geschlagener Sahne erreicht ist. Sollte die Mischung zu dick sein, etwas Wasser zugeben. Abschmecken und beiseitestellen.

Für die Berbere-Gewürzmischung die Gewürze gemeinsam in einem Mörser zu feinem Pulver zerstoßen.

Den Blumenkohl in Röschen teilen und in einer Schüssel mit Olivenöl und Berbere-Gewürzmischung überziehen.

Auf dem Blech, das für die Paprika verwendet wurde, verteilen und etwa 15 Minuten braten, bis der Blumenkohl gar, aber noch bissfest ist. Mit Pinienkernen und Aprikosen bestreuen und zum Erwärmen einige Minuten zurück in den Ofen schieben.

Granatapfelsirup und Öl verquirlen und über den Blumenkohl gießen. Mit frisch gehackten Kräutern und Minzeblättern bestreuen und mit der Muhammara servieren.

BAHARAT AUBERGINEN-STEAKS
MIT FETA, DATTELN, PHYSALIS, DATTEL-DRESSING & TAHINA-JOGHURT

Baharat ist das türkische Wort für ‚Gewürz', aber die Mischung wird auch in der nahöstlichen Küche verwendet. Es ist eine aromatische, umwerfende Kombination aus Cayenne-Pfeffer, Paprikapulver, Kreuzkümmel, Koriander, Muskatnuss, Nelken und Kardamom, die man kaufen, aber auch leicht selbst herstellen kann. Es verwandelt im Ofen gebackene Auberginen-Scheiben in etwas Unglaubliches. Mit süßen Datteln, salzigem Feta, leicht scharfen Physalis und Tahina-Joghurt-Sauce ist das Ergebnis wahrlich ein *coup de maître* (Französisch für etwa wie ‚Geniestreich'). Ein pfeffriger Rucola-Salat ist eine großartige Begleitung.

1–2 EL Baharat-Gewürzmischung
50 ml/3½ EL Olivenöl
1 Aubergine, dünn geschnitten
100 g Medjoul-Datteln, entkernt und halbiert
3 EL Dattelsirup
200 g Feta-Käse
100 g frische Physalis, halbiert
Minzeblätter, zum Garnieren

Für das Tahina-Joghurt
120 g vollfettes Naturjoghurt
1–2 Knoblauchzehen, fein gerieben
1 gehäufter EL Tahina-Paste
Saft von ½ Zitrone

ERGIBT 3–4 PORTIONEN

Backofen auf 190 °C (Gas Stufe 5) vorheizen. Baharat-Gewürzmischung mit Olivenöl vermischen und die Auberginenscheiben großzügig damit bestreichen. Auf ein Blech legen und etwa 15–20 Minuten braten, bis sie weich und goldbraun sind.

In der Zwischenzeit Datteln mit Dattelsirup und einem Spritzer heißem Wasser vermischen und quellen lassen, während die Aubergine im Ofen ist.

Blech aus dem Ofen nehmen. Feta-Käse in Stücke brechen und über die Auberginenscheiben streuen. Datteln darüber verteilen und mit Sirup beträufeln. Nochmals zum Erwärmen 5 Minuten in den Ofen schieben.

In der Zwischenzeit für das Tahina-Joghurt, Knoblauch, Tahina-Paste und Zitronensaft mit dem Joghurt glatt rühren. Beiseitestellen.

Blech aus dem Ofen nehmen, und die Physalis-Hälften darauf verteilen. Mit frischen Minzeblätter garnieren und warm mit dem Tahina-Joghurt servieren.

SALAT MIT GERÖSTETEN RÜBEN, RADIESCHEN & ROTER ZWIEBEL MIT KNOBLAUCH-MAYONNAISE (OHNE EI)

400 g Radieschen
400 g kleine Rüben, geviertelt
4 rote Zwiebeln, in Spalten geschnitten
1 ganze Knolle frischer Knoblauch
4 EL Olivenöl
1 TL Puderzucker oder Zucker
1 EL frische Thymianblätter
150 g Radicchio
Dillspitzen, zum Garnieren

Für die Mayonnaise (ohne Ei)
2 EL Kichererbsenwasser (Aquafaba)
1 gestrichener EL Dijon-Senf
2 EL Apfelessig
150 ml Sonnenblumenöl
Meersalz

ERGIBT 4 PORTIONEN

Rüben haben wahrscheinlich keinen großen Fanclub, aber wenn man sie röstet, ist ihre Verwandlung spektakulär.

Radieschen, Rüben und rote Zwiebeln auf einem großen Blech verteilen. Knoblauchknolle quer halbieren und mit der Schnittfläche nach oben in die Ecke des Blechs legen. Alles mit Olivenöl beträufeln und Radieschen, Rüben und Zwiebeln mit Zucker bestreuen, den Knoblauch dabei auslassen. Thymianblätter darüberstreuen und 35 Minuten garen, bis das Gemüse weich und goldbraun und leicht angebräunt ist. Aus dem Ofen nehmen, leicht auskühlen lassen und auf einer schönen Platte anrichten. Radicchioblätter darüber verteilen und mit Dillspitzen garnieren.

Für die Mayonnaise Kichererbsenwasser, Senf und Apfelessig mit einer Prise Salz in ein Gefäß geben und mit einem Stabmixer pürieren. Dabei Sonnenblumenöl langsam zugießen, bis die Mischung emulgiert und eindickt. Geröstete Knoblauchzehen aus den Hüllen in die Mischung drücken und nochmals kurz pürieren. Mit dem Salat aus gerösteten Rüben und Radieschen servieren.

GEBACKENER KHORASAN-WEIZEN MIT BERBERITZEN, SAFRAN, EINGELEGTER ZITRONE & ROSENBLÄTTER

2 Lauchstangen, geputzt und geschnitten
3 EL Olivenöl
250 g Khorasan-Weizen
700 ml Gemüsebrühe
1 Prise Safranfäden
2 EL getrocknete Berberitzen
¼ eingelegte Zitrone
100 g frische Tomaten, fein gehackt
300 g Blumenkohl, in Röschen zerpflückt
300 g Broccoli, in Röschen zerpflückt
2 Handvoll Grünkohl, gehackt
1–2 TL getrocknete Rosenblätter
Gemischte Kräuter, frisch gehackt (Petersilie, Dill, Minze und Korianderblätter)

Für das Zitronen-Dressing
¼ eingelegte Zitrone
50 ml/3½ EL Olivenöl
Saft von 1 Zitrone
1 TL Puderzucker oder Zucker

ERGIBT 4 PORTIONEN

Khorasan-Weizen oder Kamut ergibt einen großartigen Salat auf Getreidebasis. Er schmeckt nach mehr, wenn man ihn mit einigen einfachen Blättern kombiniert.

Für das Dressing das Fleisch aus der eingelegten Zitrone entfernen, die Haut abspülen und fein hacken. Mit Olivenöl, Zitronensaft und Zucker gut verrühren.

Backofen auf 190 °C (Gas Stufe 5) vorheizen. Lauch in einem Bräter verteilen, mit Öl beträufeln und 10 Minuten backen, bis der Lauch beginnt, weich zu werden. Khorasan-Weizen zugeben, Brühe, Safran und Berberitzen einrühren. Mit Aluminiumfolie abdecken und in den Ofen schieben. 25 Minuten backen, bis der Weizen weich ist und den Großteil der Flüssigkeit aufgesogen hat. Fleisch aus der eingelegten Zitrone entfernen, die Haut abspülen und fein hacken.

Aluminiumfolie entfernen und die eingelegte Zitrone, Tomaten und Blumenkohl- und Broccoliröschen und die Hälfte des gehackten Grünkohls unter den Weizen mischen. Mit dem restlichen Grünkohl bestreuen. Für weitere 10 Minuten in den Ofen schieben, bis das Gemüse weich, aber noch bissfest und der Grünkohl knusprig goldbraun ist. Mit getrockneten Rosenblättern und gehackten Kräutern bestreuen und mit dem Zitronen-Dressing servieren.

ASIEN & DER OSTEN

BLUMENKOHLSALAT MIT LINSEN, SULTANINEN & MANGO MIT GELBWURZ, INGWER & AHORN-DRESSING

Das frische Gelbwurz-Dressing hebt das Gericht auf einen höheren Level. Die neon-orange, frische Gelbwurz hat ein lebhafteres Aroma als getrocknete Gelbwurz. Durch die wachsende Beliebtheit ist sie jetzt auch fast überall erhältlich.

- 1 großer Blumenkohl (500 g geputzt und in Röschen)
- 6 EL Olivenöl
- 1 EL gemahlener Koriander
- 1 EL gemahlener Kreuzkümmel
- 1 EL Fenchelsamen
- 1 TL getrocknete Chiliflocken
- 1 EL Demerara-Zucker
- 2 rote Paprika, entkernt und in Streifen geschnitten
- 3 rote Zwiebeln, in Spalten geschnitten
- 200 g Kirschtomaten, halbiert
- 1 x 400 g Dose schwarze Beluga-Linsen, abgegossen und abgespült
- 2-3 EL Sultaninen/gelbe Rosinen
- 1 kleine, reife Mango geschält, entkernt und gewürfelt
- 1 Bund frische Korianderblätter, grob gehackt
- Meersalz und frisch gemahlener schwarzer Pfeffer

Für das Dressing
- 25 g frische Gelbwurz, geschält und fein gerieben
- 2 cm frischer Ingwer, geschält und fein gerieben
- 2 Knoblauchzehen, fein gerieben
- 2 EL Tahina-Paste
- abgeriebene Schale und Saft von 1 Limette
- 50 ml/3½ EL Wasser
- 4 EL Olivenöl
- 1 TL Puderzucker oder Zucker
- 1-2 EL Ahornsirup

ERGIBT 4 PORTIONEN

Backofen auf 190 °C (Gas Stufe 5) vorheizen. Blumenkohl in Röschen zerpflücken. Öl in eine große Schüssel gießen und Koriander, Kreuzkümmel, Fenchelsamen, Chiliflocken und Zucker zugeben. Gut verrühren, mit Salz und Pfeffer würzen und die Blumenkohlröschen in der Mischung wenden, gut damit überziehen und auf ein großes Blech legen. Rote Paprika, Zwiebelspalten und Kirschtomaten zugeben und vermengen. 20–25 Minuten backen (zur Hälfte der Kochzeit ordentlich umrühren), bis der Blumenkohl gar, aber noch bissfest ist.

Linsen vorsichtig unter das geröstete Gemüse rühren und 5 Minuten im Ofen erwärmen. Blech aus dem Ofen nehmen und mit Sultaninen und Mango bestreuen und mit Korianderblättern garnieren. Für das Dressing gemahlene Gelbwurz und Ingwer in einer Schüssel vermischen. Restliche Zutaten zugeben und glatt rühren. Nach Geschmack würzen, über den Salat träufeln und servieren.

PIKANTE TOMATEN MIT PANIR & ERBSEN

- 450 g Panir, in 1 cm Würfel geschnitten
- 3 EL Olivenöl
- 2 TL gemahlener Kreuzkümmel
- 2 TL gemahlener Koriander
- 1 TL gemahlene Gelbwurz

Für die Sauce
- 2 Zwiebeln, in Scheiben geschnitten
- 4 große reife Tomaten, grob gehackt
- 500 g passierte Tomaten
- 5 cm frischer Ingwer, gehackt
- 2 Knoblauchzehen, fein gehackt
- 50 g gemahlene Mandeln
- 300 g gefrorene Erbsen
- 1 Handvoll Korianderblätter, gehackt
- Extra gehackte Korianderblätter, Mango-Chutney und Naan-Brot, zum Servieren

ERGIBT 4 PORTIONEN

Für Vegetarier ist es immer gut, Panir im Kühlschrank zu haben. Mischt man ihn in scharfe Gewürzmischungen und schmackhafte Saucen, nimmt er die Aromen erstaunlich gut auf. Mir schmeckt dazu Mango-Chutney und Naan aus Peschawar.

Backofen auf 190 °C (Gas Stufe 5) vorheizen. Panir mit Öl, Kreuzkümmel, Koriander und Gelbwurz in eine große Schüssel geben und gut verrühren, sodass alles gut überzogen ist. Auf ein tiefes Blech geben und 10 Minuten backen.

In der Zwischenzeit für die Sauce Zwiebeln in die für den Panir verwendete Schüssel geben. Tomaten und passierte Tomaten zugeben. Ingwer und Knoblauch unterrühren, danach gemahlene Mandeln einarbeiten.

Panir aus dem Ofen nehmen und über der Tomatenmischung verteilen. Für weitere 20 Minuten zurück in den Ofen schieben. Erbsen und gehackte Korianderblätter einrühren und nochmals für 5 Minuten im Ofen durchwärmen. Mit extra gehackten Korianderblättern, Mango-Chutney garnieren und mit Naan-Brot servieren.

TAMARINDEN & ROSMARIN-SÜSSKARTOFFELN
MIT SCHALOTTEN & GERÖSTETEN HASELNÜSSEN

1 kg Süßkartoffeln, geschält und in grobe Stücke geschnitten
300 g Schalotten
40 g Tamarinden-Paste
40 g brauner Reissirup
40 ml/3 EL Olivenöl
2 EL Rosmarin, fein gehackt
100 g Haselnüsse, grob gehackt

ERGIBT 4 PORTIONEN

Die tolle Kombination ist eine wirklich gute Beilage, kann aber auch mit grünem Salat oder gedämpftem grünen Gemüse als Hauptmahlzeit serviert werden. Es ist zwar für Veganer gedacht, man kann es aber auch echten Fleischtigern vorsetzen – ich bin sicher, sie werden das Fleisch keine Sekunde vermissen.

Backofen auf 190 °C (Gas Stufe 5) vorheizen. Süßkartoffeln in eine große Schüssel legen, Schalotten schälen und zugeben. Tamarinden-Paste mit braunem Reissirup, Olivenöl und Rosmarin verrühren, in die Schüssel geben und alles vermengen. Auf einem großen Blech verteilen und 15 Minuten garen. Haselnüsse darüberstreuen und weitere 15 Minuten braten, bis das Gemüse weich und goldbraun ist. Sofort servieren.

ALOO GOBI, GERÖSTETE KARTOFFELN
& BLUMENKOHL-CURRY

2 rote Zwiebeln, in Scheiben geschnitten
2 Knoblauchzehen, fein gehackt
400 g Kirschtomaten, grob gehackt
500 g Frühkartoffeln, in Spalten geschnitten
4–5 EL Olivenöl
2 EL Panch Phoron (siehe Seite 96)
1 EL Kreuzkümmelsamen
1 TL getrocknete Chiliflocken
1 mittelgroßer Blumenkohl
1 gehäufter TL gemahlene Gelbwurz
1 Handvoll Cashew-Nüsse

1 Handvoll Baby-Spinat, gewaschen
Meersalz und frisch gemahlener schwarzer Pfeffer
Korianderblätter gehackt, zum Servieren

Für den Minze-Knoblauch-Joghurt
150 g vollfetter Naturjoghurt (oder Kokos-Joghurt für Veganer)
1 Knoblauchzehe, fein gerieben
1 kleiner Bund frische Minzeblätter, grob gehackt

ERGIBT 4 PORTIONEN

Das an das nordindische Curry Aloo Gobi angelehnte Gericht schmeckt nach mehr. Ich hoffe, Aloo Gobi-Aficionados verzeihen mir die freie Interpretation.

Backofen auf 190 °C (Gas Stufe 5) vorheizen. Zwiebeln mit Knoblauch, Tomaten und Kartoffelspalten auf ein flaches Blech legen. Mit Olivenöl beträufeln, mit Panch Phoron, Kreuzkümmelsamen und Chiliflocken bestreuen und alles gut vermischen. Etwa 25 Minuten garen, bis die Kartoffeln beginnen, braun zu werden.

Blumenkohl in Röschen zerpflücken und in eine Schüssel geben. Restliches Olivenöl und Gelbwurz zugeben, mit Salz und frisch gemahlenem schwarzen Pfeffer würzen und ordentlich verrühren, bis alles gut überzogen ist. Blech aus dem Ofen nehmen und Blumenkohl auf das Blech legen. Vorsichtig umrühren, mit Cashew-Nüssen bestreuen und für weitere 15 Minuten in den Ofen schieben, bis der Blumenkohl goldbraun und gar, aber immer noch ein wenig knackig ist. Spinat vorsichtig unterheben – er sollte in der Resthitze schnell zusammenfallen – nicht nötig, das Blech nochmals in den Ofen zu schieben.

Für den Minze-Knoblauch-Joghurt alle Zutaten in einer Schüssel vermengen. Mit ein wenig Salz und schwarzem Pfeffer würzen und mit den gerösteten Kartoffeln und Blumenkohl-Curry servieren.

IN SALZKRUSTE GEBACKENE RÜBEN & MANGO IM SALATBETT MIT NERIGOMA-DRESSING

800 g grobes Meersalz
3 Eiweiß
4 Chioggia-Rüben und gelbe Rüben
50 ml/3½ EL Olivenöl
Saft von 2 Limetten
1 TL Puderzucker oder Zucker
1 kleine rote Zwiebel, in Scheiben geschnitten
1 große reife, aber feste Tomate, grob gehackt
1 mittelgroße, reife Mango geschält, entkernt und gewürfelt
1 kleine Handvoll Korianderblätter, frisch gehackt
Meersalz und frisch gemahlener schwarzer Pfeffer
Eisberg oder Salatherzen
Frische Minzeblätter, zum Garnieren

Für das Nerigoma-Dressing
4 EL Nerigoma
abgeriebene Schale und Saft von 1 Limette
1 große Knoblauchzehe, fein gerieben
3–4 EL Wasser

ERGIBT 4 PORTIONEN

Die Salzkruste scheint die Süße der Rüben zu verstärken. Wenn es Ihnen gelingt, verschiedenfarbige Rüben zu bekommen, sieht das Gericht wunderschön aus. Im Salatbett serviert ist es eine besondere Vorspeise bei einer Dinner-Party.

Backofen auf 190 °C (Gas Stufe 5) vorheizen. Salz in einer großen Schüssel mit dem Eiweiß vermengen. Etwa ein Drittel der Mischung in einer dünnen Schicht auf ein mit Backpapier ausgelegtes Blech streichen. Rüben dicht nebeneinander darauf setzen und mit der restlichen Salzmischung bedecken. Etwa 1 Stunde backen, bis die Rüben weich sind (mit einer Messerspitze überprüfen).

In der Zwischenzeit Olivenöl, Limettensaft und Zucker in einer großen Schüssel verrühren und würzen.

Wenn die Rüben gar sind, Salzkruste durch einen Schlag mit dem Nudelholz aufbrechen und entfernen. Wenn die Rüben genügend ausgekühlt sind, vorsichtig die Haut abziehen und würfeln. Noch warm in die Limetten-Sauce geben und dort komplett auskühlen lassen. Danach Zwiebel, Tomate, Mango und gehackte Korianderblätter zugeben.

Alle Zutaten für das Nerigoma-Dressing verrühren. Vorsichtig die Salatblätter vom Strunk lösen und mit der Rüben-Mischung füllen. Mit Minzeblättern garnieren und mit dem Nerigoma-Dressing servieren.

GEBACKENE SÜSSKARTOFFELN MIT MISO-BUTTER, SCHNITTLAUCH & SCHWARZEM SESAM

4 mittelgroße Süßkartoffeln
3 EL Olivenöl
1–2 EL frische Thymianblätter

Für die Miso-Butter
150 g weiche Butter
20 g weiße Miso-Paste
1 Bund Schnittlauch, gehackt
1 EL schwarzer Sesam
Rucola-Salat, zum Servieren

ERGIBT 4 PORTIONEN

Miso verleiht allen Dingen, mit denen es in Berührung kommt das herrlichste Umami-Aroma. Wenn man ein wenig davon in weiche Butter rührt und über heißen Süßkartoffeln schmelzen lässt, tanzen die Geschmacksnerven Tango.

Backofen auf 190 °C (Gas Stufe 5) vorheizen. Süßkartoffeln waschen und längs halbieren. Mit der Schnittfläche nach oben auf ein Blech setzen, die Oberfläche leicht im Rautenmuster einschneiden, mit Öl beträufeln und mit Thymianblättern bestreuen. Im Ofen etwa 35–40 Minuten garen, bis sie sehr weich sind.

Butter und Miso-Paste gleichmäßig aufschlagen. Die Hälfte des gehackten Schnittlauchs einrühren. Süßkartoffeln aus dem Ofen nehmen und mit einer Gabel jeweils die Mitte leicht aufkratzen. Mit Miso-Butter beträufeln und schwarzem Sesam und restlichen Schnittlauch bestreuen. Heiß mit Salat servieren.

KNUSPRIGE BENGALEN-KARTOFFELN
MIT FRÜHLINGSZWIEBEL UND CHILI & CORIUNDER RAITA

Für die Panch Phoron-Gewürzmischung
10 g Nigella-Samen (Schwarzkümmel)
10 g Kreuzkümmelsamen
10 g schwarze Senfsamen
10 g Bockshornklee-Samen
10 g Fenchelsamen

500 g mehlige Kartoffeln
50 g Panch Phoron-Gewürzmischung
4–5 EL Olivenöl
1 großer Bund Frühlingszwiebeln, geschnitten
1–2 rote Chilischoten, entkernt und geschnitten
Meersalzflocken und frisch gemahlener schwarzer Pfeffer

Für die Raita
200 g vollfetter Naturjoghurt
2 Knoblauchzehen, gerieben
1 Handvoll Korianderblätter, frisch gehackt

ERGIBT 4 PORTIONEN

Panch Phoron ist eine erstaunlich aromatische Mischung von 5 Gewürzen, die ursprünglich aus Bengalen und Ostindien stammt. Es verleiht allen möglichen Gerichten zusätzlichen Reiz – von herzhaften Currys bis zu gedämpftem Gemüse. Man kann es kaufen, aber es macht Spaß, sein eigenes herzustellen.

Backofen auf 190 °C (Gas Stufe 5) vorheizen. Alle Samen für die Gewürzmischung verrühren.

Kartoffeln schälen und klein würfeln – etwa 15 mm groß. In eine Schüssel geben und mit der Panch Phoron-Gewürzmischung vermengen. Öl zugeben und so lange rühren, bis die Kartoffeln gleichmäßig mit den Gewürzen überzogen sind. Gleichmäßig auf einem großen, flachen Blech verteilen und etwa 50 Minuten garen, bis sie knusprig goldbraun sind. Aus dem Ofen nehmen und mit Salzflocken würzen. Mit Frühlingszwiebeln und Chilischoten bestreuen.

In der Zwischenzeit Joghurt in einer Schüssel mit geriebenem Knoblauch und gehackten Korianderblättern verrühren. Mit einigen Salzflocken und ein wenig frisch gemahlenem schwarzen Pfeffer würzen. Separat mit den Bengalen-Kartoffeln servieren.

KNUSPRIGER REIS MIT SOJASAUCE & INGWER-TEMPEH

200 g Tempeh
5 EL dunkle Sojasauce
1 EL Sesamöl
1 TL Puderzucker oder Zucker
30 g frischer Ingwer, fein gerieben
2 Knoblauchzehen, fein gerieben
200 g Basmati-Reis
3 EL Olivenöl
1 Bund Frühlingszwiebeln, gehackt
1 Bund Korianderblätter, frisch gehackt
1 EL weißer Sesam, zum Garnieren

ERGIBT 4 PORTIONEN

Auf den ersten Blick sieht das gesprenkelte Tempeh weder besonders attraktiv noch inspirierend aus – aber zu seiner Ehrenrettung nimmt es starke Aromen auf und lässt sich gut marinieren. Es lässt sich auch gut backen und ist eines der Gerichte, die hart gesottene Fleischesser angenehm überraschen.

Backofen auf 190 °C (Gas Stufe 5) vorheizen. Tempeh in Scheiben schneiden. Sojasauce, Sesamöl und Zucker in einer großen Schüssel verrühren, geriebenen Ingwer und Knoblauch einrühren. Tempeh-Scheiben in die Mischung legen und marinieren lassen.

Reis unter fließendem Wasser gut abspülen und einem ausgelegten Blech verteilen. 800 ml Wasser zugießen und etwa 30 Minuten backen, bis das Wasser aufgesogen und der Reis gar ist. Blech aus dem Ofen nehmen und mit Olivenöl beträufeln. Tempeh aus der Marinade nehmen und in einer Reihe mittig auf den Reis legen. Zurück in den Ofen schieben und etwa 10 Minuten backen, bis das Tempeh heiß und der Reis knusprig ist. Mit Frühlingszwiebeln, Korianderblättern und Sesam bestreuen und servieren.

CURRY MIT FRISCHER LIMETTE, GEMÜSE & KOKOSA

Ich liebe Thai-Kokos-Currys, aber immer öfter enthalten Thai-Curry-Pasten getrocknete Shrimps oder Fisch – deshalb erfand ich diese leicht zuzubereitende Alternative. Eine Küchenmaschine ist nützlich, aber man kann die Paste auch mit dem Mörser herstellen. Das Gemüse darf nicht lang gekocht werden, sonst verliert es seine lebhafte Farbe und knusprige Textur. Verwenden Sie nach Möglichkeit junge Broccoli-Stämme.

Für die Curry-Paste
- 45 g frischer Ingwer, geschält
- 2 Knoblauchzehen, geschält
- 1 Stängel Zitronengras, geputzt
- 3 Kaffir-Limettenblätter
- 1 EL gemahlener Koriander
- 1 EL gemahlener Kreuzkümmel
- 1 gestrichener EL getrocknete Chiliflocken
- 1 EL Kokosfett
- 1–2 EL warmes Wasser
- 1 Bund frische Korianderblätter

Für das Curry
- 2 x 400 ml Dosen vollfette Kokosmilch
- 100 ml plus 1 EL gut gewürzte Gemüsebrühe
- 1 EL Demerara-Zucker
- 100 g Kirschtomaten, grob gehackt
- 1 gelbe Paprika, entkernt und in Streifen geschnitten
- 400 g gemischtes junges Gemüse (Zuckererbsen, grüne Bohnen, junge Broccoli, Baby-Maiskolben etc.)
- 1 kleiner Bund frische Korianderblätter, grob gehackt
- abgeriebene Schale und Saft von 1 großen Limette

Zum Servieren
- 1 Handvoll Cashew-Nüsse
- 1 Bund Frühlingszwiebeln, dünn geschnitten

ERGIBT 4 PORTIONEN

Für die Curry-Paste Ingwer, Knoblauch und Zitronengras grob hacken und in einer Küchenmaschine (oder in einem Mörser) fein hacken. Limettenblätter, gemahlenen Koriander, Kreuzkümmel, Chiliflocken und Kokosfett vermischen, warmes Wasser zugießen und zu einer Paste pürieren. Korianderblätter zugeben und nochmals pürieren, bis alles gut kombiniert ist.

Backofen auf 180 °C (Gas Stufe 4) vorheizen. Für das Curry Kokosmilch und Brühe in ein tiefes Blech gießen und Curry-Paste und Zucker einrühren. Mit Aluminiumfolie abdecken und 15 Minuten kochen.

Blech aus dem Ofen nehmen, alles gut durchrühren und gehackte Tomaten, Paprikastreifen und vorbereitetes Gemüse (Baby-Maiskolben längs halbieren, wenn verwendet). Aluminiumfolie wieder aufsetzen und 10 Minuten kochen, bis das Gemüse gerade weich ist, aber noch seine strahlende Farbe hat.

Frische Korianderblätter und Limettenschale und -saft zugeben. Mit Cashew-Nüssen und Frühlingszwiebeln bestreut sofort servieren.

GELBWURZ-MACADAMIA-NÜSSE

Macadamia-Nüsse haben eine schöne, buttrige Konsistenz. Wenn man sie leicht mit Gelbwurz bestreut röstet, werden sie unwiderstehlich. Ich kann davon eine Schüssel voll ganz allein aufessen.

- 150 g Macadamia-Nüsse
- 1 EL Olivenöl
- 1 TL gemahlene Gelbwurz
- 1 TL brauner Reissirup
- Meersalzflocken

ERGIBT 2-3 PORTIONEN

Backofen auf 190 °C (Gas Stufe 5) vorheizen. Macadamia-Nüsse mit Olivenöl, Gelbwurz und braunem Reissirup in eine große Schüssel geben. Mit Salzflocken würzen und danach etwa 4–5 Minuten goldbraun backen. Gut verstecken, sodass man nicht in Versuchung gerät.

KICHERERBSEN & MANDEL-CURRY

Das ist ein köstliches und ziemlich billiges Alltagsgericht und ist für Vegetarier und Veganer geeignet. Wenn Sie die Kichererbsen aus der Dose abgießen, dann heben Sie den Saft auf – Sie können ihn für die Aquafaba-Meringues von Seite 140 verwenden. Es klingt vielleicht ein wenig verrückt, aber vertrauen Sie mir – Kichererbsen-Wasser statt Eiweiß ergibt großartige, flaumig-knusprige, vegane Meringues. Servieren Sie das Curry mit Chapatis und Mango-Chutney – und möglichst mit Joghurt, wenn Sie das mögen.

2 Zwiebeln, in Scheiben geschnitten
4-5 EL Olivenöl
2 TL Garam Masala
1 TL gemahlene Gelbwurz
1 TL gemahlener Koriander
1 TL gemahlener Kreuzkümmel
1 TL getrocknete Chiliflocken
60 g frischer Ingwer
2 Knoblauchzehen, fein gehackt
2 x 400 g Dosen geschälte Tomaten in Stücken

2 x 400 g Dosen Kichererbsen, abgegossen und abgespült
2 EL Tomatenketchup guter Qualität
80 g gemahlene Mandeln
Korianderblätter, frisch gehackt
1 rote Chilischote, entkernt und in Ringe geschnitten, zum Garnieren

ERGIBT 4 PORTIONEN

Backofen auf 190 °C (Gas Stufe 5) vorheizen. Zwiebelscheiben auf dem Boden eines tiefen Blechs verteilen und mit Olivenöl beträufeln. Garam Masala, Gelbwurz, gemahlenen Koriander, Kreuzkümmel und Chiliflocken zugeben und gut verrühren, bis die Zwiebeln gut mit den Gewürzen überzogen sind, und 10 Minuten braten. Ingwer schälen und in Julienne schneiden. Blech aus dem Ofen nehmen und Ingwer und gehackten Knoblauch zugeben. Geschälte Tomaten, Kichererbsen, Tomatenketchup und gemahlene Mandeln einrühren. Im Ofen 20–25 Minuten garen, bis die Sauce eingedickt ist. Mit gehackten Korianderblättern und roten Chilischoten garnieren.

LEICHTER DAL AUS DEM OFEN

Dieser tröstende Dal ist leicht und schnell zubereitet und kocht sich im Ofen von allein. Wenn Sie wie ich fast immer frischen Ingwer, Tomaten in der Dose und ein paar Basis-Gewürze zu Hause haben, ist das ein echtes Abendessen aus dem Küchenschrank. Ich gebe gern zusätzliche Chiliflocken und einen Klecks Joghurt dazu, aber wenn Sie es lieber ohne Milchprodukte machen, eignet sich auch fruchtiges Chutney ausgezeichnet.

1 Zwiebel, in Scheiben geschnitten
5 EL Olivenöl
1 TL gemahlener Kreuzkümmel
1 TL gemahlener Koriander
1 TL gemahlene Gelbwurz
60 g frischer Ingwer
1 TL getrocknete Chiliflocken (oder nach Geschmack)
1 TL Puderzucker oder Zucker
2 Knoblauchzehen, gehackt

300 g getrocknete rote Linsen, abgespült
800 ml Wasser
1 x 400 g Dose geschälte Tomaten in Stücken
Meersalzflocken und frisch gemahlener schwarzer Pfeffer
Extra Chiliflocken, Naturjoghurt, und/oder Chutney zum Servieren

ERGIBT 4 PORTIONEN

Backofen auf 190 °C (Gas Stufe 5) vorheizen. Zwiebelscheiben auf dem Boden eines tiefen Bräters verteilen und mit Olivenöl beträufeln. Kreuzkümmel, Koriander und Gelbwurz einrühren. In den Ofen schieben und 10 Minuten kochen. In der Zwischenzeit Ingwer schälen und in Julienne schneiden. Blech aus dem Ofen nehmen und die Ingwer-Julienne, Chiliflocken, Zucker und gehackten Knoblauch sowie die roten Linsen, Wasser und geschälten Tomaten einrühren. Mit Aluminiumfolie abdecken und etwa 30–35 Minuten kochen, bis die Linsen weich sind und das Dal cremig ist (eventuell Wasser zugeben, wenn es zu trocken ist). Mit Salzflocken und frisch gemahlenem schwarzen Pfeffer würzen und mit extra Chiliflocken und Joghurt oder Chutney (oder beiden!) servieren.

SESAM-AUBERGINEN MIT GOCHUJANG-KETCHUP

2 mittelgroße Auberginen
2 EL Sesamöl
2 EL Olivenöl
4 cm frischer Ingwer, geschält und gerieben
4 EL Ketjap Manis (dicke, süße indonesische Sojasauce)
120 ml dunkle Sojasauce
4 TL Gochujang-Paste
2 TL Puderzucker oder Zucker
3 Knoblauchzehen, gehackt
2–3 EL Sesam
1 Bund Frühlingszwiebeln, gehackt

Für das Gochujang-Ketchup
4 EL Gochujang-Paste
4 EL Tomatenketchup guter Qualität

4 Pita-Brote, gewärmt, zum Servieren
Grüner Salat in Streifen, zum Servieren

ERGIBT 4 PORTIONEN

Gochujang-Paste ist einer meiner Favoriten – ich liebe ihr Glänzen, ihre pikante Reichhaltigkeit und die tiefe Würze, die sie so vielen Gerichten verleiht. Hier verwende ich sie als Marinade für mundgerechte Stücke von Auberginen, die die herrlichen Aromen aufnehmen. Essen Sie sie mit warmem Pita-Brot, knackigen Salatstreifen und Gochujang-Ketchup.

Backofen auf 190 °C (Gas Stufe 5) vorheizen. Auberginen in mundgerechte Stücke schneiden und in eine große Schüssel geben. In einer zweiten Schüssel Sesamöl, Olivenöl, geriebenen Ingwer, Ketjap Manis, Sojasauce, 4 TL Gochujang-Paste, Zucker und Knoblauch verrühren und die Mischung über die Auberginenwürfel gießen und gut vermengen. Auberginen gleichmäßig auf einem großen, flachen Blech verteilen und etwa 25–30 Minuten braten, bis sie gar ist. Mit Sesam und gehackten Frühlingszwiebeln bestreuen.

Für das Gochujang-Ketchup einfach 4 EL Gochujang-Paste mit Tomatenketchup in einer kleinen Schüssel verrühren.

Auberginen-Mischung in die warmen Pita-Brote füllen und wenn gewünscht mit Salatstreifen und Gochujang-Ketchup servieren.

EDAMAME-OMELETT MIT NUDELN & FRÜHLINGSZWIEBEL

Nudeln passen gut zu diesem asiatisch inspirierten, gebackenen Omelett. Ich serviere es als super schnellen Lunch – in hübsche Dreiecke geschnitten, begleitet von saftigem Tomatensalat und geschnittenem grünen Salat.

300 g frische feine Reis-Nudeln
8 große Eier, verquirlt
3 EL dunkle Sojasauce
1 TL Sesamöl
150 g gefrorene Edamame-Bohnen, aufgetaut
1 großer Bund Frühlingszwiebeln, gehackt
1 Bund Dill, gehackt
1 Bund Schnittlauch, gehackt
1 Bund Petersilie, gehackt
Meersalz und frisch gemahlener schwarzer Pfeffer

Für den Tomatensalat
300 g kleine Pflaumen-Tomaten, halbiert
2 EL extra natives Olivenöl

Eisbergsalat, in Streifen geschnitten, zum Servieren
Extra Sojasauce, zum Beträufeln

Eine 30 x 17 x 2,5 cm Brownie-Form, leicht befettet und mit Backpapier ausgelegt

ERGIBT 4 PORTIONEN

Backofen auf 190 °C (Gas Stufe 5) vorheizen. Nudeln gleichmäßig auf den Boden einer vorbereiteten Brownie-Form verteilen. Eier in einer großen Schüssel verquirlen und Sojasauce und Sesamöl zugeben. Mit etwas Salz und frisch gemahlenem schwarzen Pfeffer würzen und mit gehackten Frühlingszwiebeln und der Hälfte der Kräuter unter die Bohnen rühren. Mischung über die Nudeln gießen. In den Ofen schieben und 10 Minuten backen, bis das Omelett sich zu setzen beginnt. Zuerst in Quadrate, dann in Dreiecke schneiden und mit den restlichen Kräutern bestreuen. Für den frischen Tomatensalat die Tomaten mit Öl beträufeln und nach Geschmack würzen. Omelett mit Tomatensalat und Salatstreifen servieren. Extra Sojasauce zum Beträufeln dazu reichen.

SUPPE MIT SHIITAKE-PILZEN & VIOLETTEM BROCCOLI
MIT GERÄUCHERTEM TOFU

Gekochte Shiitake-Pilze haben einen subtilen, leicht rauchigen Geschmack und eine seidige Textur und machen sich großartig in dieser Suppe. Ich verwende japanische braune Reis-Miso-Paste für einen prächtigen Hauch von Umami. Ein Gericht, das Sie befriedigt fühlen lassen wird.

- 1 rote Zwiebel, fein gehackt
- 50 g frischer Ingwer, geschält
- 2 Knoblauchzehen, geschält
- 1,2 l Gemüsebrühe
- 50 g braune Reis-Miso-Paste
- 250 g Shiitake-Pilze
- 300 g violetter Broccoli
- 200 g geräucherter Tofu, in Streifen geschnitten
- 300 g Pak Choi/ Bok Choy, in dünne Streifen geschnitten
- 1 Bund Frühlingszwiebeln, diagonal in Streifen geschnitten
- 1–2 rote Chilischoten, entkernt und in Ringe geschnitten
- Frische Minzeblätter, zum Garnieren

ERGIBT 4 PORTIONEN

Backofen auf 190 °C (Gas Stufe 5) vorheizen. Zwiebel auf dem Boden eines tiefen Blechs verteilen. Ingwer in dünne Julienne schneiden und Knoblauch fein hacken. Beides zu den Zwiebeln geben. Gemüsebrühe eingießen und Miso-Paste und Pilze einrühren. Mit Aluminiumfolie abdecken und 15 Minuten kochen.

Broccoli putzen, in kleine Röschen zerpflücken und die Stämme schälen und harte Stellen entfernen. Ebenfalls auf das Blech geben und wieder mit Aluminiumfolie abdecken und weitere 10 Minuten kochen. Aluminiumfolie entfernen und Tofu-Streifen und Pak Choi zugeben. Für weitere 5 Minuten in den Ofen schieben.

Suppe mit Frühlingszwiebeln, Chilischoten und frischen Minzeblättern bestreuen und sofort servieren.

AMERIKA

HASSELBACK COQUINA-KÜRBIS
MIT CHILI-AHORN-GLASUR & SALZFLOCKEN

Vielleicht haben Sie die Hasselback-Kartoffeln schon gemacht – die tollen Kartoffeln, die im Ganzen, aber zu einem Fächer geschnitten zubereitet werden, sodass sie knusprig goldbraun werden. Hier habe ich dieselbe Methode auf den Kürbis (ein naher Verwandter des Butternuss-Kürbis) angewandt und ihn mit einer klebrigen, süßen, leicht pikanten Kombination aus Ahornsirup, Sojasauce und Chili glasiert.

Ein guter Trick, den Kürbis in dünne Scheiben zu schneiden, ohne ihn unabsichtlich ganz durchzuschneiden, ist, ein Essstäbchen längs der beiden Seiten zu legen, sodass das Messer von den Stäbchen aufgehalten wird.

1 Coquina-Kürbis
50 ml/3½ EL Ahornsirup
20 ml/4 TL indonesische Sojasauce (Ketjap Manis)
25 ml/5 TL dunkle Sojasauce
1 TL getrocknete Chiliflocken
1 Bund Frühlingszwiebeln, diagonal geschnitten
1 Handvoll frische Korianderblätter, grob gehackt

ERGIBT 3–4 PORTIONEN

Backofen auf 190 °C (Gas Stufe 5) vorheizen. Kürbis längs halbieren und die Samen herauskratzen und schälen. Jede Hälfte quer in dünne Scheiben schneiden, dabei darauf achten, nicht ganz durchzuschneiden, sodass die Kürbishälften intakt bleiben. Mit der Schnittfläche nach unten auf ein leicht befettetes Blech legen. Ahornsirup, Sojasaucen und Chiliflocken verrühren und die Kürbishälften großzügig damit bestreichen, dabei darauf achten, dass die Glasur auch zwischen die Scheiben gelangt. Etwa 30–35 Minuten backen, dabei regelmäßig mit dem Bratensaft begießen, bis der Kürbis gar ist und eine wunderbar glänzende Glasur aufweist.

Auf einer Platte anrichten und mit Frühlingszwiebeln und Korianderblättern bestreuen. Heiß servieren.

MEXIKANISCHES GEMÜSE & KIDNEY-BOHNEN MIT AVOCADO-HOLLANDAISE

Das ist ein fleischloses Chili, das Fleischtiger, Vegetarier und Veganer gleichermaßen begeistern wird. Es ist nicht allzu pikant, was es auch für Familien geeignet macht, aber die, die es schärfer mögen, können getrocknete Chiliflocken, einen Spritzer Chiliöl von Seite 25 oder sogar frische, gehackte Chilischoten zugeben. Die Avocado-Hollandaise hebt das Gericht auf den nächsten Level, also servieren Sie die beiden gemeinsam.

1 Zwiebel, gehackt
3 Stangen Sellerie, gehackt
2 Knoblauchzehen, fein gehackt
3 Süßkartoffeln, geschält und gewürfelt
2 Karotten, gewürfelt
2 gelbe Paprika, entkernt und in Streifen geschnitten
1 rote Paprika, entkernt und in Streifen geschnitten
250 g braune Champignons, in Scheiben geschnitten
450 g Kirschtomaten
4–5 EL Olivenöl
2 TL gemahlener Kreuzkümmel
2 TL gemahlener Koriander
2 TL Chilipulver
2 TL Puderzucker oder Zucker
600 ml passierte Tomaten
2 EL Tomatenketchup guter Qualität
400 g Dose rote Kidney-Bohnen, abgegossen und abgespült
2 Handvoll frischer Baby-Spinat
1 Handvoll Korianderblätter, frisch gehackt
Meersalz und frisch gemahlener schwarzer Pfeffer

Für die Avocado-Hollandaise
1 große, reife Avocado
Saft von ½ Zitrone
50 ml/3½ EL Wasser
2 EL Olivenöl

ERGIBT 4 PORTIONEN

Backofen auf 180 °C (Gas Stufe 4) vorheizen. Zwiebel, Sellerie und Knoblauch auf ein tiefes Blech geben.

Süßkartoffeln, Karotten, Paprika, Champignons und Kirschtomaten zugeben. Mit Olivenöl beträufeln, Gewürze und Zucker zugeben, mit Salz und frisch gemahlenem schwarzen Pfeffer würzen und 20–35 Minuten garen, bis das Gemüse beginnt, weich und braun zu werden. Aus dem Ofen nehmen und die passierten Tomaten und Ketchup einrühren. Weitere 30 Minuten braten. Aus dem Ofen nehmen, Kidney-Bohnen, Spinat und die Hälfte der Korianderblätter einrühren. Nochmals etwa 5 Minuten in den Ofen schieben, bis der Spinat zusammenfällt. Mit den restlichen Korianderblättern bestreuen.

In der Zwischenzeit die Avocado-Hollandaise zubereiten. Avocado schälen und den Kern entfernen. Fruchtfleisch hacken und in eine Küchenmaschine (alternativ ein hohes Gefäß und einen Stabmixer verwenden) geben. Zitronensaft, Wasser und Olivenöl zugießen und glatt pürieren. Nach Geschmack würzen, in eine kleine Schüssel geben und separat mit dem Gemüse-Bohnen-Auflauf servieren.

WRAPS MIT GERÖSTETER PAPRIKA, MAIS & BOHNEN MIT CHIPOTLE-DRESSING & AVOCADO-AUFSTRICH

2 rote Paprika, entkernt
 und in Streifen geschnitten
2 orange Paprika, entkernt
 und in Streifen geschnitten
3 EL Olivenöl
2 Maiskolben
1 x 400 g Dose gefleckte Bohnen
2 reife Avocados, geschält und entkernt
Saft von 1 Limette
1 kleine rote Chilischote, entkernt
 und fein gehackt
4 Mehl-Tortillas
1 großer Bund Frühlingszwiebeln, geschnitten
1 kleiner Bund Korianderblätter
Meersalz und frisch gemahlener schwarzer
 Pfeffer
Saure Sahne, zum Servieren

Für das Dressing
2 EL Chipotle-Paste
2 EL Olivenöl
1 EL roter Weinessig
2 TL Puderzucker oder Zucker

ERGIBT 4 PORTIONEN

Ich habe eine Schwäche für sonnengefärbte, geröstete Paprika. Sie verwandeln sich in saftig-süße Freuden und sind eine fantastische Fülle für die Tortilla-Wraps, wenn man sie mit knackigem süßen Mais, gefleckten Bohnen und reifer Avocado kombiniert. Sie schmecken auch gut mit dem Jam aus gerösteten Chilis von Seite 121.

Backofen auf 190 °C (Gas Stufe 5) vorheizen. Paprika auf einem Blech verteilen und 15 Minuten braten, bis sie beginnen, weich und leicht angebräunt zu werden. Kerne von den Maiskolben schneiden, zu den Paprikastreifen geben und weitere 10 Minuten garen. Bohnen abgießen und abspülen, ebenfalls auf das Blech geben und 4–5 Minuten im Ofen erwärmen.

In der Zwischenzeit Avocados in einer Schüssel zerdrücken und Limettensaft und gehackte Chilischote zugeben. Nach Geschmack würzen.

Für das Dressing Chipotle-Paste, Öl, Essig und Zucker vermengen und nach Geschmack würzen.

Jede Tortilla mit etwas Avocado-Aufstrich bestreichen und mit der Bohnenmischung belegen. Etwas Dressing darüberträufeln und mit gehackten Frühlingszwiebeln und einigen Korianderblättern bestreuen. Aufrollen und mit saurer Sahne servieren.

PILZE NACH MOLE-ART

2 getrocknete Ancho-Chilischoten
2 Zwiebeln, in Scheiben geschnitten
3 EL Olivenöl
2 EL gemahlener Kreuzkümmel
1 EL getrockneter Oregano
1–2 EL geräuchertes Paprikapulver
1 EL Fenchelsamen
2 x 400 g Dosen geschälte Tomaten, gehackt
50 g gemahlene Mandeln
1 kg Champignons ohne Stiele, (ich verwende
 braune und weiße gemischt)
200 ml Chili-Einweichwasser
300 ml Gemüsebrühe, gut gewürzt
2 EL Puderzucker oder Zucker
100 g Sultaninen oder Rosinen
80 g 70% Bitterschokolade

ERGIBT 4 PORTIONEN

Reichhaltige Mole-Saucen mit viel Chili sind in der mexikanischen Küche sehr beliebt – sie enthalten oft dunkle Schokolade, was ihnen eine einzigartige Note verleiht.

Backofen auf 190 °C (Gas Stufe 5) vorheizen. Die getrockneten Ancho-Chilischoten in ein Gefäß geben, mit Wasser bedecken und etwa 30 Minuten weichen lassen.

In der Zwischenzeit Zwiebeln in einen Bräter geben, Öl zugießen, Kreuzkümmel, Oregano, Paprikapulver und Fenchelsamen zugeben und 10–15 Minuten garen, bis der Zwiebel beginnt, weich zu werden.

Chilis aus dem Wasser nehmen (Wasser aufheben), Spitzen abschneiden (entkernen nicht nötig) und in einer Küchenmaschine mit den Tomaten und gemahlenen Mandeln pürieren. Mischung auf die weichen Zwiebeln gießen, Champignons, Chili-Wasser und Brühe zugeben und Zucker und Sultaninen einrühren. Schokolade in kleine Stücke brechen und ebenfalls auf das Blech legen. Etwa 45 Minuten kochen, bis die Sauce eingedickt ist und servieren.

NACHOS MIT SCHWARZEN BOHNEN & MAIS

1 x 200 g Tortilla-Chips
200 g Kirschtomaten, grob gehackt
300 g Dose süßer Mais, abgegossen
1 x 400 g Dose schwarze Bohnen, abgegossen und abgespült
1 x kleines Glas Jalapeño-Chilis, abgegossen und in Ringe geschnitten
1 Bund Frühlingszwiebeln, dünn geschnitten
200 g extra reifer Cheddar-Käse, gerieben
Saure Sahne, zum Servieren

ERGIBT 4 PORTIONEN

Ich finde, Nachos passen besonders gut zu Gin Tonic und sind viel aufregender, als sich am Samstag Abend durch ein einfaches Chips-Säckchen zu knabbern. Das hier könnte für vier Leute reichen, aber ehrlicherweise müssten das vier sehr zurückhaltende, höfliche Leute sein – deshalb sollten Sie die Mengen vielleicht verdoppeln. Ich habe schon einmal eine Portion ganz allein verputzt.

Backofen auf 190 °C (Gas Stufe 5) vorheizen. Eine Handvoll Tortilla-Chips auf einem flachen Blech verteilen. Eine Handvoll gehackte Kirschtomaten, Maiskörner und einige schwarze Bohnen darauf verteilen. Mit Jalapeño-Ringen und Frühlingszwiebeln garnieren und dann mit großzügig mit Käse bestreuen. Schichten so lange wiederholen, bis alles aufgebraucht ist. In den Ofen schieben und 4–5 Minuten backen, bis der Käse geschmolzen und zähflüssig ist. Mit saurer Sahne servieren.

CHAMPIGNON-BURGER MIT GERÖSTETER ZWIEBEL & KREOLISCHEN SÜSSKARTOFFEL-POMMES

4 große Champignons
90 ml Olivenöl
2 Knoblauchzehen, fein gehackt
1 kleiner Bund Petersilie, frisch gehackt
2 Handvoll Walnüsse, grob gehackt
2–3 große Süßkartoffeln
1 EL kreolische Gewürzmischung
3 rote Zwiebeln
2 TL frische Thymianblätter
4 Brioche-Burger-Brötchen
2 Handvoll Eisbergsalat, in Streifen geschnitten
3 Tomaten, in Scheiben geschnitten
2 kleine Avocados, entkernt und in Scheiben geschnitten
Meersalz und frisch gemahlener schwarzer Pfeffer

Zum Servieren
Mayonnaise (oder Mayonnaise ohne Ei von Seite 86 oder 117)
Sriracha-Sauce oder Jam von gerösteten Chilis von Seite 121

ERGIBT 4 PORTIONEN

Wenn Sie noch nie einen großen, saftigen, mit Knoblauch gerösteten Champignon heiß in einem Brötchen gegessen haben – und der Saft bei jedem Bissen herunter rinnt –, dann haben Sie etwas versäumt. Champignons, gefüllt mit knackigen Walnüsse mit grünem Salat, Tomaten und Avocado und in einem Brioche-Brötchen serviert, stehen noch eine Stufe höher auf der Leiter.

Backofen auf 190 °C (Gas Stufe 5) vorheizen. Champignons (mit den Lamellen nach oben) entlang einer Seite des Blechs auflegen. Die Hälfte des Olivenöls mit Knoblauch, Petersilie und Walnüssen verrühren und nach Geschmack würzen. Mischung über den Champignons verteilen. Süßkartoffeln schälen und in mitteldicke Pommes schneiden. In der Hälfte des restlichen Öls und den kreolischen Gewürzen wenden und auch auf das Blech legen. Zwiebeln schälen und quer halbieren und auch auf das Blech legen. Mit dem restlichen Olivenöl beträufeln und mit Thymianblättern bestreuen. Blech für etwa 25 Minuten in den Ofen schieben, bis die Champignons weich und die Süßkartoffel-Pommes goldbraun sind.

Brioche-Brötchen halbieren und mit grünem Salat, Tomaten, Avocado-Scheiben und gerösteten Champignons und Zwiebeln füllen. Mit Mayonnaise, Sriracha-Sauce oder Jam von gerösteten Chilischoten und den kreolisch gewürzten Pommes servieren.

JERK-GEMÜSE-SPIESSE MIT SALAT AUS KNOLLENSELLERIE, SULTANINEN & KAPERN

1 rote, 1 gelbe und 1 orange Paprika, entkernt und in Streifen geschnitten
2 rote Zwiebeln, in Spalten geschnitten
2 mittelgroße Zucchini, in dicken Scheiben
200 g kleine Champignons
200 g kleine Pflaumen- oder Kirschtomaten
6 EL Olivenöl
3 EL Jerk-Gewürzmischung
2 TL heller Muscovado-Zucker

Für den Salat
1 kleine Sellerieknolle
2 knackige Äpfel
50 g Sultaninen/gelbe Rosinen
1 EL Kapern, abgegossen
1 kleiner Bund Petersilie, frisch gehackt
1 Portion Mayonnaise ohne Ei (siehe Seite 86)

8 lange, hölzerne Spieße

ERGIBT 4 PORTIONEN

Ich habe die bunten Spieße mit einem traumhaften Salat aus knusprigem Knollensellerie und Äpfeln kombiniert, aufgepeppt mit salzigen Kapern und süßen, prallen Sultaninen. Einfach gut und köstlich.

Backofen auf 200 °C (Gas Stufe 6) vorheizen. Das vorbereitete Gemüse, Champignons und Tomaten abwechselnd auf die Spieße stecken und auf ein großes, flaches Blech legen.

Öl, Jerk-Gewürzmischung und Zucker in einer Schüssel verrühren und die Gemüse-Spieße damit bestreichen. Blech in den Ofen schieben und 15–20 Minuten braten, bis das Gemüse weich, aber noch bissfest ist.

Für den Salat Sellerieknolle schälen, in Scheiben und dann in feine Julienne scheiden und in eine große Schüssel geben. Das Gehäuse aus den Äpfeln entfernen, in etwa gleich große Streifen schneiden und mit den Sultaninen und Kapern auch in die Schüssel geben.

Mayonnaise ohne Ei zum Sellerie-Apfel-Salat geben und die gehackte Petersilie unterrühren. Separat zu den Gemüse-Spießen servieren.

GEMÜSE-PELAU AUS TRINIDAD

1 Zwiebel, gehackt
2 große Karotten, gewürfelt
2 Stangen Sellerie, gewürfelt
1 gelbe Paprika, entkernt und gewürfelt
1 rote Paprika, entkernt und gewürfelt
20 g hellbrauner Muscovado-Zucker
3 EL Olivenöl
2 Knoblauchzehen, gerieben
50 g frischer Ingwer, geschält und gerieben
300 g Vollkorn-Basmati-Reis
2 x 400 g Dose Kokosmilch
1 x 400 g Dose gefleckte Bohnen
1 TL frische Thymianblätter
1 rote Chilischote, entkernt und gehackt
1 Bund Frühlingszwiebeln, gehackt
1 Bund Korianderblätter, gehackt
Meersalz und frisch gemahlener schwarzer Pfeffer

ERGIBT 4 PORTIONEN

Basierend auf dem traditionellen Pelau aus Trinidad hat das Reisgericht eine unwiderstehlich süße Note, die wunderbar im Kontrast zu scharfem Ingwer und Chili steht.

Backofen auf 190 °C (Gas Stufe 5) vorheizen. Gehackte Zwiebel mit den Karotten, Sellerie und Paprika auf ein tiefes Blech legen. Mit Muscovado-Zucker bestreuen und das Olivenöl einrühren. Blech in den Ofen schieben und 15 Minuten garen.

Blech aus dem Ofen nehmen und Knoblauch und Ingwer zugeben. Reis in einem Sieb unter fließendem Wasser gut abspülen und ebenfalls auf das Blech geben. Kokosmilch und 400 ml Wasser zugießen. Bohnen abgießen und abspülen und mit den Thymianblättern und gehackter Chilischote in den Pelau einrühren. Blech zurück in den Ofen schieben und weitere 40 Minuten backen, bis der Reis gar und die Flüssigkeit aufgesogen ist. Nach Geschmack würzen, mit Frühlingszwiebeln und Korianderblättern bestreuen und wenn gewünscht mit extra gehackter Chilischote servieren.

TEX-MEX GEMÜSE-TACOS MIT FRISCHER TOMATEN-SALSA & CHIPOTLE-MAYONNAISE

Das Gericht ist ein Aufruhr an Farben, Aromen und Texturen. Mann kann die Tacos vor dem Servieren füllen, aber es ist auch eine sehr nett, wenn man alles separat serviert und sich die Gäste die Tacos selbst füllen.

1 große Süßkartoffel, geschält und in grobe Stücke geschnitten
1 kleiner Butternuss-Kürbis, geschält, entkernt und in grobe Stücke geschnitten
1 rote Paprika, entkernt und gewürfelt
2 Maiskolben
4 EL Olivenöl
2 Knoblauchzehen, gerieben
1 EL Paprikapulver
1 EL Rosmarin, frisch gehackt
1 x 400 g Dose rote Kidney-Bohnen
8 knusprige Taco-Schalen
1 kleiner Bund Petersilie, frisch gehackt

Für die Tomaten-Salsa
200 g Kirschtomaten
1 kleine rote Zwiebel
Saft von 1 Limette
1 kleiner Bund Korianderblätter, frisch gehackt
1 Handvoll frische Minzeblätter, grob gerissen

Für die Chipotle-Mayonnaise
2 TL Chipotle-Paste
1 Portion Mayonnaise ohne Ei (siehe Seite 86)

2 Handvoll Eisbergsalat, in Streifen geschnitten, zum Servieren

ERGIBT 4 PORTIONEN

Backofen auf 190 °C (Gas Stufe 5) vorheizen. Süßkartoffel, Butternuss-Kürbis und Paprika auf einem tiefen Blech verteilen. Auf einem Schneidebrett die Kerne mit einem scharfen Messer von den Maiskolben schneiden und über dem Gemüse verteilen. Alles mit Olivenöl beträufeln, geriebenen Knoblauch, Paprikapulver und frisch gehackten Rosmarin darüberstreuen. In den Ofen schieben und etwa 25 Minuten garen, bis die Süßkartoffeln und der Kürbis weich sind.

Blech aus dem Ofen nehmen. Kidney-Bohnen abgießen und abspülen, zum Gemüse geben und alles etwas zur Seite schieben, sodass die Taco-Schalen an einem Rand Platz finden. Für weitere 3–4 Minuten in den Ofen schieben, bis die Tacos knusprig und die Bohnen warm sind. Gehackte Petersilie in das Gemüse rühren.

Für die Tomaten-Salsa Tomaten grob hacken und in eine Schüssel geben. Zwiebel schälen, in dünne Ringe schneiden und unter die Tomaten mischen. Limettensaft darüber verteilen und mit Korianderblättern und gerissenen Minzeblättern bestreuen.

Für die Chipotle-Mayonnaise Chipotle-Paste und Mayonnaise vermengen.

Etwas geschnittenen Salat auf jeden Taco geben, mit Gemüse und Salsa belegen, mit etwas Chipotle-Mayonnaise garnieren– oder alles auf einer Platte anrichten und die Gäste bitten, die Tacos selbst zu füllen.

JAM AUS IM OFEN GERÖSTETEN CHILIS

Klebrig, pikant und voller lebhafter Farben und Aromen, ist dieser Chili-Jam eine großartige Beilage zu vielen verschiedenen Gerichten. Wenn ich den Ofen eingeschaltet und Tomaten habe, die man verwenden sollte, stehen die Chancen gut, dass ich ein paar Portionen davon produziere, denn irgendwie fühlt sich mein Kühlschrank kompletter an, wenn ich weiß, dass welches drin ist, auch wenn es ebenso schnell zu verschwinden scheint, wie ich es zubereite.

1 kg frische Tomaten
5–6 rote Chilischoten, ohne Stängel
100 ml plus 1 EL weißer Weinessig
100 g frischer Ingwer
300 g Puderzucker oder Zucker
3 EL Olivenöl

ERGIBT 6-8 PORTIONEN

Backofen auf 190 °C (Gas Stufe 5) vorheizen. Tomaten und Chilischoten in einer Küchenmaschine fein hacken, dann auf dem Boden eines tiefen Blechs verteilen und den weißen Weinessig unterrühren.

Ingwer schälen und sehr fein hacken. Mit dem Zucker in die Tomaten-Mischung rühren und das Blech in den Ofen schieben. Etwa 1 Stunde kochen, dabei gelegentlich umrühren, bis die Tomaten-Mischung klebrig wie Konfitüre ist. Olivenöl zugeben und nochmals umrühren. In ein sterilisiertes, luftdicht zu verschließendes Glas füllen, verschließen und auskühlen lassen. Der Jam ist im Kühlschrank ein paar Wochen haltbar.

GERÖSTETE ROTE PAPRIKA, CHILI & MANDEL-DIP
MIT TORTILLA-CHIPS

Wieder köstliche, geröstete Paprika – diesmal in einen lebhaften Mandel-Dip gemischt und mit knusprigen Tortilla-Chips serviert. Piripiri-Gewürz macht sich auch gut auf Tortilla-Chips.

2 rote Paprika, entkernt
   und in Streifen geschnitten
200 g Kirschtomaten
3 EL Olivenöl
50 g gemahlene Mandeln
2 Knoblauchzehen, gehackt
1 TL getrocknete Chiliflocken
Meersalzflocken

Für die Tortilla-Chips
4 Mehl-Tortillas
2-3 EL Olivenöl
1 TL Paprikapulver

ERGIBT 4 PORTIONEN

Backofen auf 190 °C (Gas Stufe 5) vorheizen. Paprika mit den Kirschtomaten auf einem großen, flachen, mit Backpapier ausgelegtem Blech verteilen. Mit Öl beträufeln, mit Salzflocken bestreuen und etwa 20 Minuten backen, bis die Paprika gar sind und zu bräunen beginnen und die Tomaten weich sind. Alles in eine Küchenmaschine (oder ein hohes Gefäß für den Stabmixer) geben, dabei darauf achten, nichts vom Tomatensaft zu vergeuden. Gemahlene Mandeln, gehackten Knoblauch und Chiliflocken zugeben und ziemlich fein pürieren. In der Zwischenzeit für die Tortilla-Chips das Backpapier vom Blech entfernen. Die vier Tortillas in mundgerechte, dreieckige Stücke schneiden (meine sind nicht immer ganz gleichmäßig), in eine Schüssel geben und in Olivenöl, Paprikapulver und einigen Salzflocken wenden. Auf dem Blech verteilen und für 4–5 Minuten in den Ofen schieben, bis sie knusprig und goldbraun sind. Dip und Chips in separate Schüsseln füllen und genießen!

CHILI-KARAMELL-NÜSSE

200 g gemischte Nüsse (ganze Mandeln, Pekan-Nüsse, Cashew-Nüsse, Pistazien)
2 EL Olivenöl
2 EL brauner Reissirup
1 EL Ahornsirup
1 gehäufter TL mildes Paprikapulver
1 TL getrocknete Chiliflocken
Meersalz

ERGIBT 2-4 PORTIONEN

Diese knackigen, süß-salzigen Nüsse mit Chili sind wirklich etwas Besonderes. Ich serviere sie gern zu Drinks, wenn Freunde vorbeikommen – aber sie lassen sich auch großartig naschen, während man einen Film ansieht.

Die gemischten Nüsse in eine große Schüssel geben. Olivenöl, braunen Reissirup, Ahornsirup und Paprikapulver zugeben. Chiliflocken und eine Prise Salz unterrühren und 10 Minuten backen, dabei gelegentlich umrühren. Auskühlen lassen und versuchen, sie vor dem Servieren nicht aufzuessen.

KREOLISCHER KÜRBIS MIT GERÖSTETEM MAIS & TOMATEN

Pikante kreolische Gewürze passen wunderbar zu gerösteten Wurzeln. Spalten vom Butternuss-Kürbis verleihen sie Extravaganz. Kochen bedeutet, Harmonie zwischen den Zutaten herzustellen – in dem tollen Gericht ergänzt der süße Mais und die saftigen Tomaten den Kürbis und es entsteht ein wahrlich außergewöhnliches Gericht. Ein großzügiger Klecks saure Sahne ist eine tolle Ergänzung, aber sollten Sie keine Milchprodukte verwenden wollen, werden Sie es auch ohne köstlich finden, da bin ich mir sicher.

4–5 EL Olivenöl
1–2 EL Kreolische Gewürzmischung
1 mittelgroßer Butternuss-Kürbis, entkernt, geschält und in Spalten geschnitten
2 Maiskolben
300 g Kirschtomaten
Meersalz und frisch gemahlener schwarzer Pfeffer
1 Bund Schnittlauch, frisch gehackt, zum Garnieren

ERGIBT 2-4 PORTIONEN

Backofen auf 190 °C (Gas Stufe 5) vorheizen. Öl in eine große Schüssel gießen und mit der Gewürzmischung verrühren. Kürbisspalten zugeben. Maiskolben in ca. 1 cm dicke Scheiben schneiden und auch in die Schüssel geben. Gut umrühren, bis das Gemüse gut mit dem Gewürzöl überzogen ist. Abschmecken und auf einem Blech verteilen. Blech in den Ofen schieben und 10 Minuten garen. Die ganzen Kirschtomaten gleichmäßig darauf verteilen und weitere 25 Minuten braten, bis alles gar und goldbraun ist.

Aus dem Ofen nehmen, mit Schnittlauch bestreuen und servieren.

SÜSSE TRÄUME

PFIRSICH & HIMBEER-GRATIN

6 süße, reife (aber feste) Pfirsiche
Saft von 1 kleinen Orange
250 g Mascarpone
50 g Puderzucker oder Zucker
Samen von 1 Kardamom-Kapsel
Samen von 1 Vanilleschote
3 Eier, separiert
200 g Himbeeren
1–2 TL heller Muscovado-Zucker
Minzeblätter, zum Garnieren

ERGIBT 4 PORTIONEN

Süße, duftende Pfirsiche mit herrlichem Mascarpone, der leicht, doch köstlich nach Kardamom riecht. Seien Sie nicht versucht, mehr als die Samen einer kleinen grünen Kapsel zu verwenden, Sie würden alles ruinieren.

Backofen auf 180 °C (Gas Stufe 4) vorheizen. Pfirsiche halbieren, Kerne entfernen und mit der Schnittfläche nach oben auf einem tiefen Blech verteilen. Mit Orangensaft beträufeln. 8–10 Minuten backen, bis sie beginnen, weich zu werden.

In der Zwischenzeit Mascarpone mit Zucker, Kardamom-und Vanille-Samen verrühren. Eigelb verquirlen. Ein Eiweiß für ein anderes Gericht beiseitestellen und die anderen zwei steif schlagen, bis sich Spitzen bilden. Eischnee unter die Mascarpone-Mischung ziehen. Mit einem Löffel die Mischung auf dem Blech verteilen. Himbeeren und Muscovado-Zucker darüberstreuen. Für weitere 5–8 Minuten in den Ofen schieben. Mit Minzeblättern garnieren und warm oder bei Raumtemperatur servieren.

GLASIERTE BABY-ANANAS
MIT KOKOS & SCHOKO-KRÜMELN

4 süße, reife Baby Ananas
200 ml dunkler Rum
150 g dunkler Muscovado-Zucker
2 TL Vanille-Paste
1 TL gemahlener Zimt

Für die Schoko-Krümel
30 g Kokosfett
50 g gemahlene Mandeln
60 g/5 EL Puderzucker oder Zucker
20 g Kokospulver
25 g/3 EL Mehl
Frische Kokosnuss und frische Minzeblätter, zum Garnieren

Eine 30 x 17 x 2,5 cm Brownie-Form, leicht befettet und mit Backpapier ausgelegt

ERGIBT 4 PORTIONEN

Baby-Ananas ergeben ein schönes, angenehmes Dessert, weil sie im Allgemeinen sehr reif und süß sind und jeder seine eigene garnierte Ananas bekommt. Sollten Sie keine Baby-Ananas bekommen, schneiden Sie zwei große in Spalten.

Backofen auf 190 °C (Gas Stufe 5) vorheizen. Holzigen Boden mit einem scharfen Messer von der Ananas Schneiden, vorsichtig mit einer Abwärts-Bewegung von den Blättern her schälen.

Rum, braunen Zucker, Vanille-Paste und Zimt in einer großen Schüssel verrühren und die geschälte Ananas in der Mischung mazerieren lassen.

In der Zwischenzeit alle Zutaten für die Schoko-Krümel in einer Küchenmaschine hacken. Mischung auf den Boden einer vorbereiteten Brownie-Form verteilen und 15-20 Minuten knusprig backen. Aus dem Ofen nehmen und die Krümel in eine kleine Schüssel geben. Form mit neuem Backpapier auslegen, Ananas aus der Rum-Mischung nehmen und sie aufrecht in die Form stellen. Restliche Rum-Mischung über die Ananas gießen. Form in den Ofen schieben und etwa 20 Minuten backen – dabei von Zeit zu Zeit mit der Flüssigkeit begießen. Ananas aus dem Ofen nehmen, leicht auskühlen lassen und auf einer Platte anrichten. Mit dem restlichen (nun sirupartigen) Rum-Mischung beträufeln, mit frischen Minzeblättern garnieren und mit Schoko-Krümel und Kokosnuss-Stücken servieren.

SÜSSE TRÄUME

PIKANTE KÜRBIS & INGWER QUADRATE

150 g geschält gewogener Hokaido- oder Butternuss-Kürbis (oder aus der Dose)
300 g Mehl
1 TL gemahlener Ingwer
1 TL gemahlener Zimt
2 TL Backpulver
1 TL Natron
150 ml Sonnenblumenöl
150 ml brauner Reissirup
250 g dunkler Muscovado-Zucker
2 Eier, verquirlt
100 ml plus 1 EL Vollmilch
200 g kandierter Ingwer, grob gehackt
3-4 EL brauner Reissirup, zum Glasieren

Eine 30 x 17 x 2,5 cm Brownie-Form, leicht befettet und mit Backpapier ausgelegt

ERGIBT 15 PORTIONEN

Der leichte duftende Kuchen ist eine absolute Freude für Ingwer-Liebhaber. Kürbis aus der Dose ist ein guter Ersatz, wenn Sie wenig Zeit haben. Schichten Sie die Quadrate auf eine Platte und servieren Sie sie mit Ihrem Lieblingsgetränk.

Backofen auf 170 °C (Gas Stufe 3) vorheizen. Geschälten Kürbis in kleine Würfel schneiden und die Form geben.

Mit wenig Wasser beträufeln und mit Aluminiumfolie abdecken. Etwa 20–25 Minuten backen, bis der Kürbis ganz weich ist. In einer Küchenmaschine pürieren (wenn nötig, ganz wenig Wasser zugeben). Form ausspülen und ganz mit wenig Öl einstreichen und mit Backpapier auslegen.

In der Zwischenzeit Mehl mit den Gewürzen, Backpulver und Natron in einer Schüssel vermengen. Beiseitestellen.

Sonnenblumenöl und braunen Reissirup mit dem Zucker aufschlagen. Eier und Milch zugeben und alles gut vermengen. Kürbis-Püree und trockene Zutaten unterrühren. Ingwer-Stücke zugeben und gut verrühren.

Mischung in die ausgelegte Brownie-Form löffeln und etwa 30 Minuten backen, bis der Kuchen leicht nachgibt, wenn man darauf drückt. Einige Minuten auskühlen lassen und dann vorsichtig mit dem Reissirup glasieren. Aufschneiden und servieren.

BREZEL-KUCHEN MIT PEKAN-NÜSSEN

Für den Boden
125 g/9 EL Butter
200 g Mehl
50 g Puderzucker oder Zucker

Für das Topping
6 Eier, verquirlt
200 g Ahornsirup
50 g dunkler Muscovado-Zucker
2 TL Vanille-Paste
1 TL gemahlener Zimt
250 g Pekan-Nüsse, grob gehackt
50 g Brezel

Eine 30 x 17 x 2,5 cm Brownie-Form, leicht befettet und mit Backpapier ausgelegt

ERGIBT 15 PORTIONEN

Wenn Sie Brezel mögen und eine Schwäche für Pecan-Pie haben, werden Sie auch diesen klebrig-süß-salzigen Kuchen lieben. Außerdem ist er so leicht – kein Ausrollen und blind Backen, einfach nur den buttrigen Boden in die Form pressen und knusprig backen. Er passt auch gut zum nachgiebigen Nuss-Topping.

Backofen auf 180 °C (Gas Stufe 4) vorheizen. Für den Boden Butter mit dem Mehl verreiben, bis die Mischung Brotkrumen ähnelt. Zucker zugeben und alles zu einer weichen Kugel formen. Auf den Boden der vorbereiteten Brownie-Form pressen und 10-15 Minuten backen, bis er fest und goldbraun ist.

Für das Topping Eier, Ahornsirup und Zucker verschlagen. Vanille-Paste und Zimt einrühren.

Sobald der Boden gebacken ist, die gehackten Pekan-Nüsse darüberstreuen, so lange er noch heiß ist. Brezel in die Hälfte brechen und über den Nüssen verteilen. Alles gleichmäßig mit Ahornsirup-Mischung beträufeln und für weitere 25-30 Minuten backen, bis sich das Topping gesetzt hat. Aus dem Ofen nehmen und in der Form auskühlen lassen, danach in Quadrate schneiden.

BROWNIES AUS WEISSER SCHOKOLADE MIT MANDELN & HIMBEEREN

Die weißen Schokolade-Brownies scheinen überall große Freude auszulösen, obwohl ich glaube, dass sie auch auf meinen Hüften ausbreiten, da ich nie nur ein einziges Stück esse. Ich bin auch schuldig, die abgeschnittenen Ränder zu essen – obwohl ich nicht glaube, dass Krusten zählen, besonders wenn man sie im Stehen isst.

200 g Butter, geschmolzen
150 g weiße Schokolade, geschmolzen
400 g Puderzucker oder Feinkristallzucker
4 Eier, verquirlt
100 g Mehl
200 g gemahlener Mandeln
½ TL Backpulver
200 g Himbeeren

1 EL Puderzucker oder Feinkristallzucker
50 g weiße Schokolade, geschmolzen, zum Garnieren

Eine 30 x 17 x 2,5 cm Brownie-Form, leicht befettet und mit Backpapier ausgelegt

ERGIBT 15 PORTIONEN

Backofen auf 170 °C (Gas Stufe 3) vorheizen. Geschmolzene Butter und weiße Schokolade (etwas davon reservieren) in eine große Schüssel geben und 400 g Zucker einrühren. Eier verquirlen. Mehl, gemahlene Mandeln und Backpulver zugeben und weiter schlagen, bis alles gut eingearbeitet ist. Mischung in die vorbereitete Brownie-Form gießen.

Himbeeren durch ein feines Sieb in eine Schüssel streichen und 1 EL Zucker einrühren. Püree in großzügigen Wirbeln über die Brownie-Mischung verteilen. Etwa 45 Minuten bis 1 backen, bis der Kuchen goldbraun und fest ist, wenn man in der Mitte mit dem Finger darauf drückt.

Mit der restlichen geschmolzenen weißen Schokolade garnieren und in der Form auskühlen lassen. Ränder abschneiden und essen (im Stehen), in Quadrate schneiden und servieren.

VEGANE BROWNIES

Ich werde Sie nicht anlügen – ich benötigte einige Versuche, bis ich hier den richtigen Grad der Schwabbeligkeit erreicht hatte – aber am Ende schaffte ich es doch! Diese lieblichen, dunklen, dichten Brownies sind für jeden veganen Schokolade-Fan eine Wucht, doch sie werden sicher auch konventionelle Brownie-Liebhaber überzeugen. Warm, mit milchfreier Eiscreme sind sie köstlich – aber auch kalt mit einer Tasse Tee.

200 g Halbbitter-Schokolade, geschmolzen
250 ml plus 1 EL gerade gekochtes Wasser
100 ml plus 1 EL Sonnenblumenöl
375 g brauner Muscovado-Zucker
1 TL Apfelessig
2 TL Vanille-Paste

175 g Mehl
½ TL Backpulver

Eine 30 x 17 x 2,5 cm Brownie-Form, leicht befettet und mit Backpapier ausgelegt

ERGIBT 15 PORTIONEN

Backofen auf 170 °C (Gas Stufe 3) vorheizen. Geschmolzen Schokolade in eine große Schüssel gießen und langsam das gerade gekochte Wasser unterrühren. Sonnenblumenöl einarbeiten, dann Muscovado-Zucker, danach Apfelessig und Vanille-Paste, Mehl und Backpulver einrühren.

Mischung in die vorbereitete Form gießen und etwa 45 Minuten backen, bis sich die Oberfläche schwabbelig, aber fest anfühlt. In der Form auskühlen lassen, danach in Quadrate schneiden und anrichten, dabei darauf achten, dass man die Schichten durch Backpapier trennt.

ZITRONEN-JOGHURT-KUCHEN

Der üppige, leicht würzige Zitronenkuchen ist ein absoluter Gewinn...ABER...Ich darf Sie recht herzlich (aber bestimmt) bitten, dem Drang zu widerstehen, das vollfette griechische Joghurt durch eine fettarme oder 0%-Machwerk zu ersetzen, denn ohne den geringsten Zweifel wird das Rezept nicht dasselbe sein. Backen hängt noch viel mehr von Genauigkeit ab als jede andere Form von Kuchen. Der Geschmack und die Konsistenz von fettarmem Joghurt würden das Rezept echt verderben und dabei nur wenige Kalorien sparen.

Für den Boden
125 g plus 1 EL weiche Butter
200 g Mehl
50 g Puderzucker oder Zucker

Für das Topping
500 g vollfettes griechisches Joghurt
300 g Puderzucker oder Zucker
abgeriebene Schale von 2 und Saft von 4 Zitronen
4 Eier
2 Eigelb
80 g Mehl

Eine 30 x 17 x 2,5 cm Brownie-Form, leicht befettet und mit Backpapier ausgelegt

ERGIBT 15 PORTIONEN

Backofen auf 180 °C (Gas Stufe 4) vorheizen. Für den Boden Butter mit Zucker und Mehl verreiben, bis die Mischung Brotkrumen ähnelt. Alles zu einer weichen Kugel formen. Auf den Boden der vorbereiteten Brownie-Form pressen in den Ofen schieben und 15 Minuten backen, bis er fest und goldbraun ist.

In der Zwischenzeit für das Topping Joghurt, Zucker, Zitronenschale und Zitronensaft in einer großen Schüssel verrühren. Eier, Eigelb und Mehl zugeben und glatt aufschlagen.

Den Boden aus dem Ofen nehmen und die Joghurt-Mischung sofort in einer gleichmäßigen Schicht darauf verteilen. Für weitere 30 Minuten in den Ofen schieben, bis sich das Topping gesetzt hat und goldbraun ist. In der Form auskühlen lassen und zum Servieren in Quadrate schneiden.

APRIKOSEN-FRANGIPANE-BLÄTTERTEIGKUCHEN

Klebriger Blätterteig mit Aprikosen-Frangipane-Topping? Ja, bitte. Eiskalte geschlagene Sahne ist ein Bonus. Widerstand ist zwecklos.

320 g gekaufter Blätterteig guter Qualität
120 g weiche Butter
150 g Puderzucker oder Zucker
2 Eier
150 g gemahlener Mandeln
650 g frische Aprikosen (etwa 16 Stück)
4 EL Aprikosenkonfitüre oder Saft von eingelegten Aprikosen

ERGIBT 12 PORTIONEN

Backofen auf 190 °C (Gas Stufe 5) vorheizen. Blätterteig zu einem Rechteck mit den Maßen 35 x 25 cm ausrollen. Auf ein großes, flaches Blech legen und die Ränder 1 cm nach innen schlagen.

Butter und Zucker in einer großen Schüssel mit den Eiern ordentlich verrühren, bis eine glatte Masse entsteht. Gemahlene Mandeln zugeben und glatt rühren. Mit einem Löffel auf dem Blätterteig geben und mit einer Spachtel zu einer glatten Schicht verstreichen.

Aprikosen halbieren und die Kerne entfernen. Ziemlich dicht auf die Mandel-Mischung setzen. Blech in den Ofen schieben und etwa 35-40 Minuten backen, bis die Frangipane fest ist und die Aprikosen weich und leicht angebräunt sind. Aus dem Ofen nehmen und mit der passierten Konfitüre bestreichen. In Quadrate schneiden und warm oder kalt mit fest geschlagener Sahne oder Eiscreme servieren.

KOKOS-MAKRONEN-PUDDING

200 g Kokosraspel
80 g Butter
50 g Puderzucker oder Zucker
1 TL Vanille-Paste
2 Eier, plus 1 Eigelb
300 g Himbeer- oder Erdbeerkonfitüre
3 Eiweiß
150 g Puderzucker oder Zucker

Eine 30 x 17 x 2,5 cm Brownie-Form, leicht befettet und mit Backpapier ausgelegt

ERGIBT 4-6 PORTIONEN

Das ist ein altmodischer Pudding für kleine Kinder aus Brot- oder Kekskrümel, die mit Eiercreme gebacken werden. Er wird mit Konfitüre bestrichen und mit einer Meringue-Haube gekrönt. Ich habe den traditionellen Boden durch eine Kokos-Makronen-Mischung ersetzt, was ihm etwas köstlich Fremdes und Besonderes verleiht.

Backofen auf 170 °C (Gas Stufe 3) vorheizen. Kokosraspel mit Butter in einer Schüssel gut verrühren, bis sie gleichmäßig eingearbeitet sind. 50 g Zucker, Vanille-Paste, Eier und Eigelb zugeben und gut vermengen. Mischung mit einem Löffel gleichmäßig in die vorbereitete Brownie-Form füllen und mit einem Palettenmesser glatt streichen. 20 Minuten backen, bis der Kuchen fest und goldbraun ist.

Kokosboden gleichmäßig mit Konfitüre bestreichen. Eiweiß zu steifem Schnee schlagen, nach und nach 150 g Zucker einrieseln lassen und weiter schlagen, bis sich der Zucker aufgelöst hat und die Meringue glänzend und fest ist. Entweder mit einem Dressiersack oder einem Löffel über der Konfitüre verteilen.

Brownie-Form wieder in den Ofen schieben und weitere 20-25 Minuten backen, bis die Meringue goldbraun und knusprig ist. Warm oder kalt servieren.

RATAFIA-BRIOCHE & BUTTER-PUDDING MIT KIRSCHEN & WEISSER SCHOKOLADE

300 g Brioche
50 g/3½ EL weiche Butter
250 g Kirschen, entkernt
75 g weiße Schokolade, grob gehackt
4 Eier
250 ml Doppelsahne
150 ml Vollmilch
1 TL Vanille-Paste
50 g Ratafia-Biscuits oder knusprige Amaretti-Kekse, zerkrümelt
Sahne oder Eiscreme, zum Servieren

Eine 30 x 17 x 2,5 cm Brownie-Form, leicht befettet und mit Backpapier ausgelegt

ERGIBT 4-6 PORTIONEN

Mit saftigen Kirschen und cremigen Stückchen weißer Schokolade gesprenkelt ist das ein traumhafter Pudding mit knusprigen Kruste. Gefährlich! Aber Sie sind es wert, und gleichermaßen die Leute, mit denen Sie ihn teilen.

Backofen auf 170 °C (Gas Stufe 3) vorheizen. Brioche in 1 cm dicke Scheiben schneiden (nicht nötig, die Kruste abzuschneiden), auf einer Seite mit Butter bestreichen und jede Scheibe diagonal vierteln. Brioche-Dreiecke auf den Boden einer vorbereiteten Brownie-Form verteilen, dabei leicht aufstehen lassen. Kirschen und gehackte weiße Schokolade gleichmäßig darüberstreuen, dabei die Kirschen in die Brioche drücken.

Eier, Doppelsahne, Milch und Vanille-Paste in einer großen Schüssel verrühren. Mischung durch ein feines Sieb auf den Brioche-Kirschen-Boden gießen.

Zerkrümelte Ratafia oder Amaretti gleichmäßig über den Pudding streuen und in den Ofen schieben. Etwa 30 Minuten backen, bis die Eiercreme leicht gestockt und das Topping knusprig goldbraun ist. Warm mit extra Sahne oder Eiscreme servieren.

DUFTENDER BLUTORANGEN & MANDEL-KUCHEN

150 g weiche Butter
300 g Puderzucker oder Zucker
60 g Honig
5 Eier
200 g Grieß oder feines Polentamehl
100 g gemahlener Mandeln
½ TL Backpulver
4 Blutorangen
4 EL Orangenmarmelade, zum Glasieren

Eine 30 x 17 x 2,5 cm Brownie-Form, leicht befettet und mit Backpapier ausgelegt

ERGIBT 15 PORTIONEN

Dieser duftende Kuchen enthält kein Mehl, das gibt ihm eine unwiderstehlich dichte und doch leichte Konsistenz. Man kann auch gewöhnliche Orangen verwenden, aber Blutorangen haben so eine schöne Farbe, dass es wert ist, danach zu suchen.

Backofen auf 170 °C (Gas Stufe 3) vorheizen. Butter und Zucker einer Schüssel so lange verrühren, bis die Mischung leicht und flaumig ist. Honig einrühren und die Eier eines nach dem anderen einarbeiten. Sollte die Mischung etwas geronnen aussehen, einfach etwas Grieß und gemahlene Mandeln zufügen. Restlichen Grieß (oder Polentamehl) und gemahlene Mandeln gemeinsam mit dem Backpulver einrühren. Schale von 2 Orangen abreiben und zur Mischung geben, dann alles in die vorbereitete Brownie-Form löffeln.

Von den Orangen Boden und Kappe abschneiden und auf einem Schneidebrett von oben nach unten schälen, dabei auch die weiße Haut und die Kerne entfernen. Orangen in dünne Scheiben schneiden und vorsichtig auf der Kuchen-Mischung verteilen. Etwa 35 Minuten backen, der Kuchen goldbraund und federnd ist und auf einem Spieß, den man in der Mitte des Kuchens einsticht, nichts mehr haften bleibt. Aus dem Ofen nehmen.

Orangen-Marmelade durch ein feines Sieb streichen und den heißen Kuchen großzügig damit bestreichen. Komplett auskühlen lassen, bevor man den Kuchen zum Servieren in Quadrate schneidet.

KOKOS & LIMETTEN-MILCHREIS
MIT BROMBEEREN & BRAUNEM ZUCKER

Carnaroli-Reis und Kokosmilch gehören zu meinen liebsten Vorräten, deshalb kann ich diese famose Nachspeise immer zubereiten, wenn mir danach ist. Hier kombiniere ich den Reis mit tintenschwarzen Brombeeren und Limettenschale, aber man kann jedes saisonale Ost dazu verwenden.

150 g Carnaroli-Reis
3 x 400 ml Dosen vollfette Kokosmilch
50 g Puderzucker oder Zucker
1 Prise Salz
2 frische Lorbeerblätter
2 EL dunkler Muscovado-Zucker
200 g Brombeeren
abgeriebene Schale von 1 Limette

ERGIBT 4 PORTIONEN

Backofen auf 190 °C (Gas Stufe 5) vorheizen. Reis auf ein tiefes Blech geben und Kokosmilch zugeben, dabei etwaige große Klumpen mit den Zinken einer Gabel zerdrücken. Kleine Klumpen lösen sich beim Backen vollständig in der Mischung auf. Zucker, Salz und Lorbeerblätter zugeben. Blech in den Ofen schieben und 35–40 Minuten backen, bis der Reis weich und cremig ist. Zur Hälfte der Kochzeit umrühren und darauf achten, dass der Reis nicht zu trocken wird (wenn nötig, einen Spritzer Wasser zugeben). Bräter aus dem Ofen nehmen und mit Muscovado-Zucker bestreuen, danach eine Gabel leicht durchziehen, damit ein Welleneffekt entsteht. Mit Brombeeren und Limettenschale bestreuen und servieren.

HASSELBACK-GARTENOBST
MIT ZIMT-AHORN-GLASUR

Frische Lorbeerblätter verleihen diesem tollen Gericht himmlischen Geschmack und Duft. Es ist ein wahrhaft göttliches Dessert – perfekt mit Kokos- oder traditionellem Reispudding. Schneiden Sie das Obst so wie auf Seite 109 beschrieben, aber entfernen Sie das Gehäuse nicht, sonst fällt es während des Backens in sich zusammen – man kann es später ganz leicht entfernen.

3 reife, aber feste Birnen
3 knackige Äpfel
100 ml Ahornsirup
1 TL gemahlener Zimt
Saft von 1 Orange
Etwa 15–20 frische Lorbeerblätter
Extra Ahornsirup, zum Servieren (optional)

ERGIBT 4 PORTIONEN

Backofen auf 180 °C (Gas Stufe 4) vorheizen. Birnen und Äpfel schälen und halbieren. In dünne Scheiben schneiden, ohne die Frucht ganz durchzuschneiden – nach der Methode für Hasselback-Coquina-Kürbis auf Seite 109.

Ahornsirup, gemahlenen Zimt und Orangensaft verrühren und das Obst damit bestreichen, sodass auch viel davon zwischen die Scheiben gelangt. Lorbeerblätter entlang des Stängels halbieren und vorsichtig in die Spalten der Früchte stecken. 25 Minuten backen, zur Hälfte der Backzeit mit dem Saft bestreichen und 5 Minuten vor Ende der Backzeit die gesamte restliche Glasur über den Kuchen gießen.

Wenn gewünscht zum Servieren mit extra Ahornsirup beträufeln.

BIRNEN IN ROTWEIN & STERNANIS

Mit seiner eleganten Form ist der Sternanis eines der hübschesten Gewürze, die ich kenne. Es ist in der chinesischen und vietnamesischen Küche sehr beliebt, doch es passt auch gut zu diesem einfachen Rezept von im Ofen gebackenen Birnen, bei dem das herrliche Anis-Aroma den süßen Rotwein durchdringt und dem Obst himmlischen Geschmack verleiht. Zu den warmen Birnen passt milchfreie Eiscreme.

6 reife, aber feste Birnen
550 ml Rotwein
150–200 g Puderzucker oder Zucker
1 Zitrone
4–5 ganze Sternanis

ERGIBT 6 PORTIONEN

Backofen auf 190 °C (Gas Stufe 5) vorheizen. Birnen schälen, längs halbieren und das Gehäuse vorsichtig mit einem Kugelausstecher entfernen (ein Teelöffel geht auch, doch dann sieht es nicht so adrett aus). Birnenhälften auf dem Boden eines tiefen Blechs verteilen. Rotwein in eine Schüssel gießen, Zucker einrühren und die Mischung über die Birnen gießen. Zitronenschale mit einem Gemüseschäler in ziemlich großen Stücken von der Frucht schneiden und mit dem Sternanis zum Wein geben.

Birnen und Wein mit Backpapier abdecken und in den Ofen schieben. Etwa 30 Minuten backen, bis die Birnen weich sind, wenn man sie mit einer Messerspitze einsticht. Blech aus dem Ofen nehmen und die Birnen auf einer Platte anrichten. Warm halten. Blech für weitere 20 Minuten wieder in den Ofen schieben, bis der Wein reduziert und eingedickt ist. Mischung über die Birnen gießen und mit milchfreier Eiscreme servieren. Es ist nicht nötig, den Sternanis zu entfernen, er verleiht dem ganzen eine interessante Note.

AQUAFABA-MERINGUES MIT SOMMERBEEREN

Ich kann mir vorstellen, dass sich manche unter Ihnen denken, ich hätte den Verstand verloren, wenn ich sage, man kann mit dem abgegossenen Wasser einer Dose Kichererbsen die schönsten Meringues ohne Eiweiß herstellen. Ich nehme Sie nicht auf den Arm! Ich entdeckte erst vor kurzem, dass sich die Flüssigkeit zu weichen, stabilen Spitzen aufschlagen lässt und ‚Aquafaba' heißt – was etwa ‚Bohnenwasser' bedeutet, aber nicht mehr so majestätisch klingt.

Was für ein Bonus also – wenn Sie eine Dose proteinreiche Kichererbsen für ein salziges Gericht öffnen (oder sie selbst kochen), können Sie Meringues zum Nachtisch machen und vergeuden nichts! Einfach großartig.

Flüssigkeit von 1 x 400 g Dose Kichererbsen
100 g Puderzucker oder Zucker
4–6 Kugeln milchfreie Eiscreme oder auf Pflanzenbasis, zum Servieren
400 g gemischte Sommerbeeren
Minzeblätter, zum Garnieren

ERGIBT 4–6 PORTIONEN

Backofen auf 110 °C (Gas Stufe ¼) vorheizen. Kichererbsenwasser in eine große Schüssel gießen und die Mischung steif schlagen – wie man es mit Eiweiß machen würde. Die Mischung ist richtig, wenn sie sich nicht bewegt, wenn man die Schüssel umdreht. Je ein Viertel des Puderzuckers nach und nach beigeben und weiter schlagen. Im Gegensatz zu Eiweiß kann Kichererbsenwasser nicht zu viel geschlagen werden und zusammenfallen.

Wenn sich der Zucker ganz aufgelöst hat, die sehr steif geschlagene Mischung in 4–6 gegupften Kreisen auf ein großes, mit Backpapier ausgelegtes Blech löffeln. Blech in den Ofen schieben und etwa 1½ Stunden backen, bis die Meringues knusprig und fest sind. Man sollte nicht versuchen, die Ofentemperatur zu erhöhen – Meringues brauchen niedere Hitze, um zu trocknen.

Meringues aus dem Ofen nehmen und auskühlen lassen. Jede mit einer Kugel milchfreier Eiscreme belegen und mit die verschiedenen Sommerbeeren darauf verteilen. Mit Minzeblättern garnieren und servieren.

REGISTER

Afrikanische Erdnuss-Suppe 78
Aloo Gobi, Kartoffel & Blumenkohl-Curry 92
Ananas, Glasierte Baby- 127
Apfel: Gerösteter Lauch & Apfel mit Vinaigrette & Kohl 40
Aprikosen: Aprikosen-Frangipane-Blätterteigkuchen 132
   Geröstete Aprikosen mit Ziegenquark und Haferflocken 22
Aquafaba-Meringues mit Sommerbeeren 140
Äthiopischer Linsentopf 78
Auberginen: Baharat-Auberginen-Steaks 85
   Tomaten-Panini mit geräucherten Auberginen 30
   Geschmorte Auberginen & Schalotten 66
   Pikante Auberginen-, Knoblauch- & Tomatensuppe 44
   Sesam-Auberginen 103
   Süßkartoffel, Safran & Auberginen-Schorba 81

Beeren, geröstete 17
Birnen: Birnen in Rotwein & Sternanis 139
   Knuspriges Wurzelgemüse & Birnen 35
Blätterteigkuchen, Aprikosen & Frangipane 132
Blumenkohl: Aloo Gobi, Kartoffel & Blumenkohl-Curry 92
   Gerösteter Berbere-Blumenkohl 82
   Blumenkohlsalat mit Sultaninen & Mango 91
   Geröstete Pastinaken, Lauch, Blumenkohl, Spitzkohl & Fenchel 47
   Safran-Blumenkohl-Steaks 74
Bohnen: Mexikanisches Gemüse & Kidney-Bohnen 110
   Lima-Bohnen & Schnittlauch-Dip 66
   Nachos mit schwarzen Bohnen & Mais 114
   Wraps mit geröstete Paprika, Mais & gefleckten Bohnen 113
   Zerdrückte Lima-Bohnen mit gegrillten Tomaten & Avocado 29
Brezel: Brezelkuchen mit Pekan-Nüssen 128
Brioche: Ratafia-Brioche & Butter-Pudding mit Kirschen & weißer Schokolade 135
Brombeeren: Kompott mit Röst-Rhabarber, Brombeeren & Heidelbeeren 14
Brot: Zimt-Bruschetta 21
   Pappa al pomodoro 66
   Tomaten-Panini mit geräucherten Auberginen 30
Broccoli: Gerösteter Rotkohl mit Broccoli & Kirschen 36
   Suppe mit Shitake-Pilzen & violettem Broccoli 104
   Violetter Broccoli & Flageolet-Bohnen 36
Brownies: Vegane Brownies 131
   Brownies aus weißer Schokolade mit Mandeln & Himbeeren 131
Bruschetta, Zimt- 21
Burgers, Champignons- 114
Butternuss-Kürbis mit schwarzen Beluga-Linsen, Granatapfel Pinienkernen 35

Cannellini-Bohnen: Champignons mit Spinat und Cannellini-Bohnen 26
   Süßkartoffel, Cannellini-Bohnen & Grünkphl-Frittata 30
Chia-Samen: Frühstückskuchen aus braunem Reis, Quinoa & Chia 18
Chili: Chili-Karamell-Nüsse 122
   Geröstete rote Paprika, Chili & Mandel-Dip 121
   Jam aus gerösteten Chilis 121
Clafoutis mit Pflaumen-Tomaten 58
Cranberry-Frühstücksriegel 13
Curry: Aloo Gobi, Kartoffel & Blumenkohl-Curry 92 92
   Kicherbsen & Mandel-Curry 100
   Curry mit frischer Limette, Gemüse & Kokos 99

Dal, Leichter, aus dem Ofen 100
Dips: Geröstete rote Paprika, Chili & Mandel-Dip 121
   Geröstete rote Paprika, Chili & Mandel-Dip 121
   Lima-Bohnen & Schnittlauch 66
Dukkah 26

Eier: Bombay-Eier mit Cherry-Tomate, gerösteter Paprika & Spinat 25
   Omelett mit Edamame, Nudeln & Frühlingszwiebel 103
   Süßkartoffel, Cannellini-Bohnen & Grünkohl-Frittata 30
Erbsen, Pikante Tomaten mit Panir und 91
Erdnuss-Suppe, Afrikanische 78

Feigen: Warmer Halloumi, Feigen & Pistazien-Salat 65
Fenchel: Karamellisierter Fenchel & Karotten 73
   Geröstete Pastinaken, Lauch, Blumenkohl, Spitzkohl & Fenchel 47
Feta, Oliven & Pesto 61
Frangipane: Aprikosen-Frangipane-Blätterteigkuchen 132
Freekeh, Gegrillter Spitzkohl mit knusprigem 40
Frittata, Süßkartoffel, Cannellini-Bohnen & Grünkohl 30
Frühstücks-Riegel, Cranberry 13

Gemüse: Curry mit frischer Limette, Gemüse & Kokos 99
Frühlingsgemüse „Barigoule" mit Gremolata 53
Gelbwurz-Tofu & Gemüse-Scramble 29
Gemüse-Pelau aus Trinidad 117
Jerk-Gemüse-Spieße 117
Knuspriges Wurzelgemüse & Birnen 35
Mediterranes Röstgemüse 57
Mexikanisches Gemüse & Kidney-Bohnen 110
Tex-Mex Gemüse-Tacos 118
Tian mit Lorbeer-Sommergemüse 69
Wurzelgemüse mit Honig & Ras el-Hanout 77
Gremolata 53
Granatapfel: Butternuss-Kürbis mit schwarzen Beluga-Linsen, Granatapfel & Pinienkernen 35
Granola, : Langsam gebackener Pekan & Kakaobruch- 13
Gratin, Pfirsich & Himbeer 127
Griechischer Kartoffel & Zucchini-Auflauf 69

Haferflocken: Cranberry-Frühstücksriegel 13
Gebackenes Hafermilch-Porridge 17
Geröstete Aprikosen mit Ziegenquark und Haferflocken 22
Harira-Suppe 81
Himbeeren: Pfirsich & Himbeer Gratin 127
   Brownies aus weißer Schokolade mit Mandeln & Himbeeren 131
Hummus, Safran & Chili 81

Ingwer: Pikanter Kürbis & Ingwer-Kuchen 128

Jam aus gerösteten Chilis 121
Gerösterer Beeren-Jam 17
Joghurt: Zitronen-Joghurt-Kuchen 132

Kakaobruch: Langsam gebackener Pekan & Kakaobruch-Granola 13
Karamell: Chili-Karamell-Nüsse 122
Karotten: Karamellisierter Fenchel & Karotten 73
Karotten-Tarte-Tatin 61
Käse: Geschmolzene Tomaten mit Burrata 58
Griechischer Kartoffel & Zucchini-Auflauf mit Feta 69
Lauch, rote Paprika & Brie 25
Geröstete Mini-Paprika mit Feta Oliven & Pesto 61
Lauch, Kastanien, getrocknete Cranberrys & Reblochon 43
Knollensellerie in Salzkruste mit Blauschimmelkäse 62
Gebackene Zwiebel mit Ziegenkäse 44
Pikante Tomaten mit Panir & Erbsen 91
Sumach-Kefalotyri 65
Warmer Halloumi, Feigen & Pistazien-Salat 65
Kastanien: Lauch, Kastanien, getrocknete Cranberrys & Reblochon 43
Kartoffel: Aloo Gobi, Kartoffel & Blumenkohl-Curry 92
Knusprige Bengali Kartoffeln 96
Griechischer Kartoffel & Zucchini-Auflauf 69
Pan Haggerty 48
Kartoffel & Rosmarin Pizza 54
Anna-Kartoffeln mit Rosmarin & Thymian 48
Khorosan-Weizen 86
Kicherbsen & Mandel-Curry 100
Kirschen: Ratafia-Brioche & Butter-Pudding mit Kirschen & weißer Schokolade 135
Gerösteter Rotkohl mit gegrilltem Broccoli & Kirschen & Mandeln 36
Knollensellerie: Knollensellerie, Sultaninen & Kapern-Salat 117
Knollensellerie in Salzkruste mit Blauschimmelkäse & Radicchio 62
Kohl: Gegrillter Spitzkohl 40
Geröstete Pastinaken, Lauch, Blumenkohl, Spitzkohl & Fenchel 47
Gerösteter Rotkohl mit gegrilltem Broccoli & Kirschen 36
Kokos: Gebackenes Gartenobst mit Ahorn-Pekan-Kokos-Kruste 22
Kokos-Makronen-Pudding 135
Schwarzer Lorbeer-Kokosmilch-Reis 18
Curry mit frischer Limette, Gemüse & Kokos 99
Kokos-Limetten-Milchreis 136
Kompott aus Röst-Rhabarber, Brombeeren & Heidelbeeren 14
Kreolischer Kürbis 122
Kuchen: Brownies aus weißer Schokolade mit Mandeln & Himbeeren 131
Duftender Blutorangen & Mandel-Kuchen 136

Pikanter Kürbis & Ingwer-
    Kuchen 128
Vegane Brownies 131
Kürbis: Kreolischer Kürbis 122
    Hasselback Coquina-Kürbis 109
    Im Ofen gebackener Butter
        nuss-Kürbis, Safran &
        Rosmarin-Risotto
    Pikanter Kürbis &
        Ingwer Kuchen 128

Lauch: Lauch, rote Paprika & Brie
    25
    Gerösteter Lauch & Apfel
        mit Vinaigrette & Kohl 40
    Geröstete Pastinaken, Lauch,
        Blumenkohl, Spitzkahl &
        Fenchel 47
    Lauch, Kastanien, getrocknete
        Cranberrys & Reblochon 43
Lima-Bohnen: Lima-Bohnen &
    Schnittlauch-Dip 66
    Zerdrückte Lima-Bohnen mit ge-
        grillten Tomaten & Avocado 29
Linsen: Äthiopischer Linsentopf 78
    Butternuss-Kürbis mit schwar
        zen Beluga-Linsen, Granat-
        apfel & Pinienkernen 35
    Leichter Ofen-Dal 100
    Geröstete Rote Bete mit
        Pilzen, Zwiebel und Linsen 39

Macadamia, Gelbwurz- 99
Mais: Wraps mit geröstete Paprika,
    Mais & gefleckten Bohnen 113
Makronen: Kokos-Makronen-
    Pudding 135
Mandeln: Aprikosen-Frangipane-
    Blätterteigkuchen 132
    Brownies aus weißer Schoko
        lade mit Mandeln &
        Himbeeren 131
    Duftender Blutorangen &
        Mandelkuchen 136
    Geröstete rote Paprika, Chili &
        Mandel-Dip 121
    Kichererbsen & Mandel-Curry 100
Mangos: Blumenkohlsalat mit
    Sultaninen & Mango 91
    In Salzkruste gebackene Rüben
        & Mango im Salatbett 95
Meringues, Aquafaba-, mit
    Sommerbeeren 140
Mexikanisches Gemüse & Kidney-
    Bohnen 110

Nachos mit schwarzen
    Bohnen & Mais 114
Nudeln: Omelett mit Edamame,
    Nudeln & Frühlingszwiebel 103
Nüsse, Chili-Karamell- 122

Obst: Aquafaba-Meringues mit
    Sommerbeeren 140

Gebackenes Gartenobst mit
    Ahorn-Pekan-Kokos-Kruste 22
Hasselback Gartenobst 139
Geröstete Aprikosen mit Ziegen-
    quark und Haferflocken 22
Oliven: Geröstete Mini-Paprika mit
Orangen: Duftender Blutorangen
    & Mandel-Kuchen 136
    Karamellisierter Fenchel
        & Karotten und frischen
        Orangen 73

Pan Haggerty 48
Panini: Tomaten-Panini mit geräu
    cherten Auberginen 30
Panir: Pikante Tomaten mit Panir &
    Erbsen 91
Pappa al pomodoro 66
Paprika: Bombay-Eier mit Cherry-
    Tomate, gerösteter Paprika &
    Spinat 25
    Lauch, rote Paprika & Brie 25
    Geröstete Mini-Paprika mit Feta
        Oliven & Pesto 61
    Geröstete rote Paprika, Chili &
        Mandel-Dip 121
    Wraps mit geröstete Paprika, Mais
        & gefleckten Bohnen 113
Pastinaken: Pastinaken Molly
    Parkin 47
    Geröstete Pastinaken, Lauch,
        Blumenkohl, Spitzkohl &
        Fenchel 47
Pekan-Nüsse: Gebackenes Garten-
    obst mit Ahorn & Pekan 22
    Brezel-Kuchen mit Pekan-
        Nüssen 128
    Langsam gebackener Pekan
        & Kakaobruch-Granola 13
Pelau, Gemüse aus Trinidad 117
Pesto, Geröstete Mini-Paprika mit
    Feta, Oliven und 61
Pfirsich & Himbeer-Gratin 127
Pflaumen, Zimt-Bruschetta mit
    braunem Zucker 21
Pilze: Champignons mit Spinat
    und Cannellini-Bohnen 26
    Champignon-Burger 114
    Geröstete Rote Bete mit
        Pilzen, Zwiebel und Linsen 39
    Pilze nach Mole-Art 113
    Suppe mit Shitake-Pilzen &
        violettem Broccoli 104
Pistazien: Warmer Halloumi,
    Feigen & Pistazien-Salat 65
Pizza, Kartoffel & Rosmarin 54
Polenta-Porridge 17
Porridge: Gebackenes Hafer-
    milch-Porridge 17
    Polenta-Porridge 17
    Pikantes Porridge mit Grünkohl
        & Dukkah 25
Puffer, Zucchini & sonnengetrock-
    nete Tomaten- 65

Quinoa: Frühstückskuchen aus
    braunem Reis, Quinoa & Chia 18

Radicchio: Knollensellerie in Salz
    kruste mit Blauschimmelkäse
    & Radicchio 62
Radieschen: Salat mit Rüben,
    Radieschen & rotem Zwiebel 86
Ratafia: Ratafia-Brioche & Butter-
    Pudding mit Kirschen & weißer
    Schokolade 135
Reis: Schwarzer Lorbeer-Kokos-
    milch-Reis 18
    Frühstückskuchen aus braunem
        Reis, Quinoa & Chia 18
    Knuspriger Reis mit Sojasauce
        & Ingwer-Tempeh 96
    Im Ofen gebackener Butternuss-
        Kürbis, Safran & Rosmarin-
        Risotto 54
    Kokos-Limetten-Milchreis 136
    Gemüse-Pelau aus Trinidad 117
Rhabarber: Kompott mit Röst-
    Rhabarber, Brombeeren &
    Heidelbeeren 14
Rüben: Geröstete Rote Bete mit
    Pilzen, Zwiebel und Linsen 39
    In Salzkruste gebackene Rüben
        & Mango im Salatbett 95
    Salat mit Rüben, Radieschen &
        rotem Zwiebel 86

Salate: Blumenkohlsalat mit
    Sultaninen & Mango 91
    Knollensellerie, Sultaninen &
        Kapern-Salat 117
    Salat mit Rüben, Radieschen &
        Knollensellerie, Sultaninen &
        rotem Zwiebel 86
    Tunesische Mechouia 73
    Warmer Halloumi, Feigen &
        Pistazien-Salat 65
Salatbett, In Salzkruste gebackene
    Rüben & Mango, im 95
Schokolade: Ratafia-Brioche &
    Butter-Pudding mit Kirschen &
    weißer Schokolade 135
    Brownies aus weißer Schokolade
        mit Mandeln & Himbeeren 131
Spieße, Jerk-Gemüse 117
Spinat: Bombay-Eier mit Cherry-
    Tomate, gerösteter Paprika &
    Spinat 25
    Champignons mit Spinat und
        Cannellini-Bohnen 26
Sprossen: Geröstete Piripiri-
    Sprossen, Lauch, Kastanien,
    getrocknete Cranberrys &
    Reblochon 43
Suppen: Afrikanische Erdnuss-
    Suppe 78
    Harira 81
    Pikante Auberginen-, Knob-
        lauch- & Tomatensuppe 44

Süßkartoffel: Gebackene Süß-
    kartoffel 95
    Süßkartoffel, Cannellini-Bohnen
        & Grünkphl-Frittata 30
    Süßkartoffel, Safran &
        Auberginen-Schorba 81
    Tamarinden & Rosmarin Süß-
        kartoffeln 92

Tacos, Tex-Mex Gemüse- 118
Tamarinden & Rosmarin Süß-
    kartoffeln 92
Tarte Tatin, Karotten 61
Tempeh, Knuspriger Reis mit
    Sojasauce & Ingwer-96
Tex-Mex Gemüse-Tacos 118
Tian mit Lorbeer-Sommergemüse
    69
Tofu: Gelbwurz-Tofu & Gemüse-
    Scramble 29
Tomaten: Clafoutis mit Pflaumen-
    Tomaten 58
    Bombay-Eier mit Cherry-
        Tomate, gerösteter Paprika &
        Spinat 25
    Zucchini & sonnengetrocknete
        Tomaten-Puffer 65
    Zerdrückte Lima-Bohnen mit ge-
        grillten Tomaten & Avocados
        29
    Geschmolzene Tomaten mit
        Burrata 58
    Pappa al pomodoro 66
    Pikante Auberginen-, Knob-
        lauch- & Tomatensuppe 44
    Pikante Tomaten mit Panir
        und Erbsen 91
Tunesische Mechouia 73

Violetter Broccoli & Flageolet-
    Bohnen 36

Walnüsse: Polenta-Porridge mit
    Ingwer und Walnüssen 17
Weizen, gebackener 86
Wraps mit geröstete Paprika, Mais
    & gefleckten Bohnen 113

Zerdrückte Lima-Bohnen mit ge-
    grillten Tomaten & Avocados 29
Zitronen-Joghurt-Kuchen 132
Zucchini: Griechischer Kartoffel &
    Zucchini-Auflauf 69
    Zucchini & sonnengetrocknete
        Tomaten-Puffer 65
Zwiebel: Geröstete Rote Bete mit
    Pilzen, Zwiebel und Linsen 39
    Langsam gebackene Zwiebel
        mit Ziegenkäse 44

DANKSAGUNG

Recht herzlichen Dank an das großartige und riesig talentierte Team von RPS – besonders an Cindy Richards, Leslie Harrington, Toni Kay und Mai-Ling Collyer– für die Unterstützung bei der Erstellung dieses Buches, auf das ich unglaublich stolz bin.

Meine große Dankbarkeit geht an die wundervolle Julia Charles – für ihre geschätzte moralische Unterstützung zur rechten Zeit und für die Gelegenheit, wieder mit der bemerkenswerten Crew von RPS zu arbeiten.

Herzlichen Dank an meine Redakteurin Miriam Catley dafür, bei Bedarf immer auf meine E-mails geantwortet und den gelegentlichen Knartsch wieder ausgebügelt zu haben!

Ein lauter Dankesschrei gebührt dem fantastischen Steve Painter für die perfekte Requisite und die großartigen Fotos – und der liebenswerten Lucy McElvie für das wundervolle Food-Styling.

Last but not least – nicht im mindesten – Berge von Dankschöns und eine Unmege an Liebe an meine absolut unglaubliche (und wachsende) Familie dafür, durch alles hindurch eine stetige Quelle von Kraft, Unterstützung und endloser Liebe zu sein, xxx.